# Maturidade
# espiritual

*A. W. Tozer*

# Maturidade espiritual

—

O custo da plenitude

—

Compilado por James L. Snyder

Vida

**Editora Vida**
Rua Conde de Sarzedas, 246 – Liberdade
CEP 01512-070 – São Paulo, SP
Tel.: 0 xx 11 2618 7000
atendimento@editoravida.com.br
www.editoravida.com.br

©1994, The Moody Bible Institute of Chicago
Originalmente publicado nos EUA com o título
*Success and the Christian*
Copyright da edição brasileira
©2022, Editora Vida
Edição publicada com permissão contratual da Moody Publishers (Chicago, IL, EUA)

*Todos os direitos desta obra reservados por Editora Vida.*

Proibida a reprodução por quaisquer meios, salvo em breves citações, com indicação da fonte.

Todos os grifos são do autor.

Scripture quotations taken from Bíblia Sagrada, Nova Versão Internacional, NVI®.
Copyright © 1993, 2000, 2011 Biblica Inc.
Used by permission.
All rights reserved worldwide.
Edição publicada por Editora Vida, salvo indicação em contrário.

Editor responsável: Gisele Romão da Cruz
Editor-assistente: Aline Lisboa Mesquita Canuto
Tradução: Maria Emília de Oliveira
Revisão de tradução: Josemar de Souza Pinto
Revisão de provas: Lettera Editorial
Projeto gráfico: Claudia Fatel Lino
Diagramação: Patrícia Lino
Capa: Arte Vida

Todas as citações bíblicas e de terceiros foram adaptadas segundo o Acordo Ortográfico da Língua Portuguesa, assinado em 1990, em vigor desde janeiro de 2009.

**1. edição:** out. 2022

---

**Dados Internacionais de Catalogação na Publicação (CIP)**
**(Câmara Brasileira do Livro, SP, Brasil)**

---

Tozer, A. W., 1897-1963
    Maturidade espiritual : o custo da plenitude / A. W. Tozer ; compilado por James L. Snyder ; [tradução Maria Emília de Oliveira]. -- 1. ed. -- São Paulo, SP : Editora Vida, 2022.

    Título original: *Success and the Christian*
    ISBN: 978-65-5584-313-2
    e-ISBN: 978-65-5584-312-5

    1. Aliança Cristã e Missionária - Sermões 2. Maturidade - Aspectos religiosos 3. Sermões americanos - Século 20 4. Tozer, A. W., 1897-1963 I. Snyder, James L. II. Título.

22-113870                                                         CDD-248.4

**Índices para catálogo sistemático:**
1. Maturidade espiritual : Aspectos religiosos : Cristianismo 248.4
Eliete Marques da Silva - Bibliotecária - CRB-8/9380

# Sumário

1. Perfeição espiritual definida ..............................07

2. Ele é ciumento ..................................19

3. Fórmula para a maturidade espiritual ..............................41

4. Praga, a palavra aterrorizante ..........................55

5. A vida mais profunda ..........................71

6. União que traz avivamento ..........................91

7. Cinco regras para ter uma vida santa ..........................107

8. Comunhão dos santos ..........................123

9. O segredo da vitória ..........................137

## CAPÍTULO 1

# Perfeição espiritual definida

*Quanto a isso, temos muito que dizer, coisas difíceis de explicar,*
*porque vocês se tornaram lentos para aprender.* (Hebreus 5.11)

Você já tentou conversar com uma pessoa que não entendeu uma só palavra do que você disse, não entendeu sua língua? Você fala da melhor maneira possível com ela, e ela se limita a movimentar a cabeça e talvez diga uma palavra que aprendeu, cujo significado é: "Não entendo".

Bom, esse é o motivo da dificuldade. O autor de Hebreus está dizendo que temos muito que dizer; mas estou falando uma língua, e você entende outra. "Vocês ficaram com preguiça de ouvir. Pois, quando já deviam ser mestres, levando em conta o tempo decorrido, vocês têm, novamente, necessidade de alguém que lhes ensine quais são os princípios elementares dos oráculos de Deus. Passaram a ter necessidade de leite e não de alimento sólido" (v. 11b,12, NAA). Quero chamar a atenção para a expressão: "passaram a ter". Eles não tinham, mas "passaram a ter necessidade de leite e não de alimento sólido" (v. 12b). Haviam regredido e voltado à infância depois de terem, obviamente, crescido um pouco. "Ora, todo aquele que se alimenta de leite", o autor explica, "é inexperiente na palavra da justiça, porque é criança. Mas o alimento sólido é para os adultos, para aqueles que, pela prática, têm as suas faculdades exercitadas para discernir não somente o bem, mas também o mal" (v. 13,14, NAA).

MATURIDADE ESPIRITUAL

O autor disse que temos de deixar os primeiros princípios, isto é, as instruções elementares da fé cristã. Temos de deixá-los, mas não os deixar para trás como alguém que deixa uma casa e vai morar em outra ou deixa uma cidade e vai morar em outra. Devemos deixá-los para trás como o construtor que, ao construir uma casa, assenta o alicerce e deixa-o para trás quando começa a erguer as paredes. Se a construção for um prédio como os do centro da cidade, ele deixa o alicerce bem para trás e vai levantando paredes de vários pavimentos até chegar a uma torre de 30, 40 ou 50 andares. Ele deixou o alicerce, mas não o abandonou. Construiu em cima dele. Ora, é isso o que o homem de Deus significa.

## Os primeiros princípios

Quais são esses primeiros princípios que devemos deixar? O autor cita-os no texto para não haver nenhum mal-entendido. Ele diz: "[...] arrependimento [...] fé [...] batismos e da imposição de mãos, da ressurreição dos mortos e do juízo eterno" (6.1,2, NAA). Esses são os primeiros princípios elementares da doutrina, e devemos deixá-los como o construtor deixa o alicerce e constrói em cima dele. "[...] não lançando de novo a base [o alicerce] [...] (v. 1, NAA), ele diz. A estrutura tem de apoiar-se no alicerce, seja qual for a altura da torre.

Ela se apoia no alicerce de Cristo — de quem ele é e do arrependimento e da fé nele; do batismo no Corpo de Cristo; da ressurreição dos mortos que virá e do juízo que virá. Essas são as doutrinas básicas da fé nas quais nos apoiamos, e, seja qual for a distância percorrida na fé cristã, nunca as deixamos. Elas estão lá como um alicerce sobre o qual construímos.

O problema era que os hebreus nunca saíam da fase do alicerce. Essa preocupação exclusiva com a verdade elementar é também característica dos evangélicos de hoje. Por outro lado, o pouco caso pela verdade cristã é característica dos liberais. Mas a preocupação exclusiva com os primeiros princípios é característica da igreja em geral. O autor diz que isso nos mantém bebês durante a vida inteira.

## Continuando a ser bebê

Vamos analisar antes de tudo a metáfora acerca do bebê e do leite. É possível que você permaneça congelado na fase infantil, não cresça e pare por aí. Observe as características de um bebê — as pessoas são lindas quando bebês, mas terríveis quando chegam aos 18 ou 20 anos de idade.

Primeiro, o bebê não consegue concentrar-se em nada por muito tempo. O bebê perde o interesse o mais rápido possível quando se trata de perder o interesse. Grita, berra e tenta agarrar alguma coisa com satisfação até conseguir, e um minuto depois a joga no chão e procura outra. Esse comportamento é típico de um bebê, e é assim que Deus quer que ele seja. Mas Deus não quer que o pai do bebê, ou a mãe, seja assim — nem que a irmã de 7 anos do bebê seja assim. Essa é a característica de um bebê e também a característica dos cristãos recém-convertidos, dos cristãos fundamentalistas que congelam e param de se desenvolver. Eles não conseguem perseverar nos exercícios espirituais. Não conseguem orar por muito tempo e não conseguem meditar. Na verdade, sorriem diante da ideia toda de meditação. Pensam que meditação era assunto para Tomás de Aquino. Quanto à leitura da Bíblia, não vão muito longe — nem vão muito longe no que se refere a disciplina e maturidade.

A segunda característica do bebê é que ele se preocupa com coisas simples, com coisas básicas. Ninguém conversa com um bebê sobre existencialismo ou guerra fria. O bebê se satisfaz com meia dúzia de coisas pequenas; basta mantê-lo alimentado, aquecido e seco e que sua mãe não se afaste muito para poder ouvir seus gritos. Isso é tudo o que se refere aos cuidados com o bebê.

Há cristãos que crescem e não têm prazer em nada que promova progresso espiritual. Preocupam-se com as primeiras lições que receberam. Para eles, a igreja é uma escola com apenas uma série, ou seja, a primeira série. Esses cristãos não esperam ir além disso e não querem ouvir por muito tempo alguém que queira fazê-los progredir. Se o pastor insiste em que façam a lição de casa e se preparem para a próxima série, eles começam a orar para que o Senhor conduza "nosso querido irmão" a outro lugar. Quanto mais odeiam o pastor, mais enfatizam as palavras "nosso querido irmão". O pastor está apenas tentando prepará-los para a próxima série, mas aquela igreja se dedica à primeira série, e é ali que vai continuar.

Paulo disse que alguns passam para a segunda série, mas desistem e dizem: — Aqui é difícil demais — e voltam para a primeira série.

— Há quanto tempo você está na primeira série, Júnior?

— Doze anos.

Bom, há quanto tempo você tem ouvido a mesma verdade e a mesma doutrina? É preciso nascer de novo, e há um julgamento e outras coisas. Embora essa seja uma verdade, e não devemos abandoná-la, temos de usá-la para progredir.

Mas não a usamos. Gerações inteiras de cristãos crescem cursando a primeira série. Aprendem a ler a Bíblia do modo que foi ensinado na primeira série. Para eles, nada do que há na Bíblia faz sentido além dessa fase elementar. Assistem a conferências bíblicas dedicadas à primeira série na vida cristã, frequentam escolas bíblicas dedicadas à continuação da primeira série. De minha parte, sinto que desejo um pouco de ambição, um pouco de ambição espiritual. Paulo disse: "[...] esquecendo-me das coisas que ficaram para trás [...] prossigo para o alvo [...]" (Filipenses 3.13,14). Havia um homem que não se contentava em continuar na primeira série.

Outra característica do bebê é chamar a atenção para divertir-se. Ele adora que alguém o divirta. Quando estou viajando de ônibus, encanto-me ao ver um bebê olhando por cima do ombro da mãe. Se a mãe me vê, permaneço o mais sério possível. Mas, se posso ver o bebê, começo a fazer gestos que invariavelmente atraem a atenção dele, e nos divertimos juntos. Depois de um tempo, a mãe olha para ele e puxa-o até o colo, sem saber quem é o sujeito idoso sentado atrás dela. Eu não prejudicaria o bebê; ele gosta que alguém o divirta. Não é necessário pagar 100 dólares por isso. Basta mexer os dedos ou olhar através deles.

Assim como os bebês gostam de se divertir, o modo com que chamamos atenção para nos divertir na religião é evidência de que estamos congelados na primeira série. Ainda somos crianças e vamos continuar crianças. As crianças necessitam de brinquedos, de novidades e de novos lugares para brincar de vez em quando. A igreja é mais ou menos assim.

O entretenimento religioso corrompeu a igreja de Cristo a tal ponto que milhões de pessoas não sabem que isso é heresia.

Milhões de evangélicos ao redor do mundo dedicam-se ao entretenimento religioso. Não sabem que se trata de uma heresia semelhante a desfiar um rosário, borrifar água-benta ou coisa parecida. Quando o assunto é exposto, provoca, claro, uma tempestade de protestos furiosos entre as pessoas.

Um empresário cristão disse-me certa vez:

— Irmão Tozer, não o considero um deus, mas eu o acompanho e acredito em você. Mas gostaria de saber por que tantas pessoas gostam de você, porém não entendem o que você está falando.

Repliquei:

— Irmão, desisto de tentar explicar. Não faço ideia do porquê. — Mas é verdade. Tão logo elas imaginam que você está expondo o assunto do amor ao entretenimento religioso, não é mais possível continuar.

Um homem escreveu um artigo para me expor. Disse que eu afirmava que entretenimento religioso era errado e fez esta pergunta: "Você não sabe que, todas as vezes que canta um hino, isso é entretenimento?". Todas as vezes que eu canto um hino? Não sei como aquele sujeito consegue encontrar o caminho de casa à noite. Ele deve ter um cão-guia e uma bengala branca para levá-lo até lá!

Quando elevamos os olhos a Deus e cantamos: "Vem partir o pão, amado Senhor, para mim", isso é entretenimento — ou adoração? Não há uma diferença entre adoração e entretenimento? A igreja que não sabe adorar necessita de entretenimento. Os homens que não sabem conduzir uma igreja à adoração necessitam proporcionar entretenimento. É por isso que existe uma grande heresia evangélica hoje — a heresia do entretenimento religioso.

Há também outra característica da imaturidade — a criança não sabe ler nem gosta de literatura avançada, mesmo quando chega aos 5 ou 6 anos de idade. Ela se aproxima de você e o faz sentar-se; lê o livro inteiro, mas só sabe dizer: "Eu vi um gato, e o gato era branco". Nada mais que isso. Nada profundo. Se o seu filho não passasse dessa fase, você se preocuparia com ele. Mas, quando ele chega em casa e diz: "Mamãe, papai, vou ler para vocês", seja o que for que estejam fazendo ou se há alguma coisa queimando no forno, ele pega vocês pelo braço e começa a ler. Ele sabe ler! Que orgulho vocês sentem! Ele sabe ler e lê maravilhosamente! Vocês nunca pensaram que ele conseguiria, mas ele conseguiu; agora sabe ler o livro inteiro. Nós não sabíamos até que ponto nossos filhos memorizavam os textos e nos enganavam! Mas, de qualquer forma, estavam lendo.

Suponhamos que daqui a dez anos ele chegasse em casa — agora com 17 anos de idade — e dissesse: "Mamãe, papai, eu sei ler: 'O gato é vermelho'".

Você diria a seu marido ou à sua esposa: "Acho que temos de fazer alguma coisa por este garoto. Acho que devemos levá-lo a algum lugar".

Foi exatamente por esse motivo que o Espírito Santo escreveu o livro de Hebreus. Ele disse: "Vamos sair daqui". Por que continuar onde você está e permanecer para sempre envolvido nos princípios básicos da religião? Desculpamo-nos repetindo: "É preciso nascer de novo". Não importa o que se nos apresente, continuamos a repetir os primeiros princípios: "É preciso nascer de novo". O Espírito Santo diz: "Por isso, pondo de parte os princípios elementares da doutrina de Cristo, deixemo-nos levar para o que é perfeito, não lançando, de novo, a base do arrependimento de obras mortas" (ARA), e assim por diante, mas "deixemo-nos levar para o que é perfeito".

E então, como vamos nos deixar levar?

## Obtendo a perfeição

Perfeição significa maturidade. Pode ser comparada à época em que seu filho chega aos 21 anos de idade, recebe o diploma universitário, goza de boa saúde, é bem-humorado e equilibrado, e você sente orgulho daquele garotão. O fato é que ele amadureceu, só isso. Mas ele não é perfeito. Entre no quarto dele de manhã e veja se há alguma perfeição nas coisas espalhadas ali. A calça está jogada de um lado, e os sapatos do outro. Ele não é perfeito, mas amadureceu. Chegou à maturidade, e você está feliz. Sente-se bem e, se for cristão, agradece a Deus por ter um filho alto, bem aprumado, maduro e sadio.

É isso que o Espírito Santo quer dizer. Ele não diz que você deve ser um santo de cera sem nenhuma imperfeição, sem nenhuma mancha na alma. Está falando de maturidade em Deus. Cresça em Deus e deixe de ser um bebê que necessita do entretenimento dos princípios elementares. Agora você está crescendo em Deus, tornando-se um cristão forte, aprendendo a carregar os fardos pesados no Espírito Santo, orando com eficiência, sofrendo com o mundo e com a igreja e carregando a cruz.

Como proceder? Permita-me dar-lhe algumas sugestões.

Uma é chegar a uma conclusão, tomar uma decisão. Ao agir assim, você não pode salvar a si mesmo, mas pode decidir ser salvo e depois tomar a resolução de seguir Deus. Enquanto a decisão não é tomada, Deus não trabalha em nós.

Se trabalhar, vai ser no sentido de você chegar a uma conclusão. Decidir-se. Amarrar as pontas soltas e preparar-se.

Quando um rapaz é convocado para servir no Exército, ele recebe uma bela carta — uma carta com palavras bonitas, fraternas e agradáveis —, mas, no todo, o significado é o mesmo: "Você foi convocado". Antes de partir, o rapaz deixa seu quarto em ordem, marca um último encontro com a namorada, vai aos lugares que costuma frequentar, conversa com outros rapazes e diz: "Vou voltar daqui a dois anos". Então, apronta-se. Diz adeus a todos e apronta-se.

O cristão deve tomar a decisão de seguir Deus, crescer com Deus e aprender as coisas profundas, sublimes e elevadas de Deus. Deve dizer a si mesmo: "Já passei tempo demais no jardim da infância. Faz muito tempo que sou cristão de jardim de infância. Quero crescer até o ponto de saber o que Deus está falando e entender as coisas elevadas e sublimes do Espírito".

A segunda atitude é deixar de lado as coisas não cristãs. Deixe de lado os hábitos e atos não cristãos, sufoque dentro de você desejos não cristãos, deixe de lado planos não cristãos e livre-se dos empecilhos e pensamentos e do modo de pensar.

A terceira atitude é preocupar-se com as Escrituras, a Palavra de Deus. Esse Livro de Deus é poderoso, realmente poderoso. Se você o ler, ele vai elucidá-lo e orientar o caminho que você deve seguir. Quando cantamos "da vida o Pão és tu", estamos orando para que Deus nos dê entendimento a respeito das Escrituras. Então, indo um pouco mais adiante e elevando-o à sua fase mística, estamos dizendo: "Senhor, quando participarmos da Comunhão, vem partir o Pão para mim". É tudo a mesma coisa. Preocupe-se, portanto, com as Escrituras.

Não se limite a ler um capítulo de vez em quando, mas leia até sentir o coração aquecido. Leia as Escrituras até que elas comecem a falar com você. Só lemos realmente as Escrituras quando elas começam a falar conosco. Apenas achamos que as lemos. Preocupe-se, portanto, com as Escrituras.

A quarta atitude é tomar sua cruz. Aprenda a sofrer um pouco por amor ao Senhor. Os comunistas estão invadindo o mundo ocidental porque amamos muito o nosso conforto. [Sermão pregado originariamente no início da década de 1960.] Eles não estão à procura de conforto; estão à procura de vitória.

Um amigo meu foi visitar o chefe de uma célula comunista na sede comunista da localidade, de onde eles enviam literatura. O comunista disse: "Entre, reverendo, e sente-se". Meu amigo entrou e sentou-se. "O senhor sabe", ele disse, "que somos comunistas, e o senhor é pastor. É claro que estamos a quilômetros de distância". Então, prosseguiu: "Mas quero lhe contar uma coisa. Aprendemos nossa técnica no livro de Atos. Aprendemos a vencer e conquistar no livro de Atos. Vocês, que acreditam na Bíblia, jogaram fora os métodos da igreja primitiva, e nós, que não acreditamos nela, os adotamos e eles estão funcionando".

Qual era o método? É um método muito simples da igreja primitiva: dar testemunho, entregar tudo ao Senhor, abandonar tudo por amor a Deus, carregar sua cruz e arcar com as consequências. O resultado foi que nos primeiros cem anos da igreja cristã o mundo inteiro conhecido na época foi evangelizado. Hoje não sabemos disso porque nossos missionários nos dizem, ou pelo menos deixam entrever, que há partes do mundo que ainda não foram evangelizadas.

Cada parte do mundo conhecido na época foi evangelizada cerca de cem anos após a ressurreição de nosso Senhor.

A próxima atitude é focar em Cristo, ter o Senhor Jesus Cristo em seu foco.

> Mostra-me teu rosto,
> um brilho transitório da formosura divina.
> E eu jamais vou pensar ou cogitar
> em outro amor que não seja o teu.

Abra seu coração ao Espírito Santo, e tenho certeza de que Deus vai recebê-lo. Lembre-se: não é algo supérfluo. É a necessidade de abandonar os princípios elementares e deixar nossa infância para trás e prosseguir em direção a Deus; é uma necessidade básica. "Ora, para aqueles que uma vez foram iluminados, provaram o dom celestial [...] mas caíram, é impossível que sejam reconduzidos ao arrependimento" (Hebreus 6.4,6a).

Portanto, essa doutrina, esse ensinamento, essa exortação do Espírito Santo para abandonar os princípios elementares e prosseguir rumo à perfeição não se destina a produzir santos supérfluos. Destina-se a produzir qualquer tipo de santos, a necessidade mais básica da vida cristã.

## CAPÍTULO 2

# Ele é ciumento

*Mas o que para mim era lucro, passei a considerar como perda, por causa de Cristo. Mais do que isso, considero tudo como perda, comparado com a suprema grandeza do conhecimento de Cristo Jesus, meu Senhor, por quem perdi todas as coisas. Eu as considero como esterco para poder ganhar Cristo e ser encontrado nele, não tendo a minha própria justiça que procede da Lei, mas a que vem mediante a fé em Cristo, a justiça que procede de Deus e se baseia na fé. Quero conhecer Cristo, o poder da sua ressurreição e a participação em seus sofrimentos, tornando-me como ele em sua morte, para, de alguma forma, alcançar a ressurreição dentre os mortos. Não que eu já tenha obtido tudo isso ou tenha sido aperfeiçoado, mas prossigo para alcançá-lo, pois para isso também fui alcançado por Cristo Jesus. Irmãos, não penso que eu mesmo já o tenha alcançado, mas uma coisa faço: esquecendo-me das coisas que ficaram para trás e avançando para as que estão adiante, prossigo para o alvo, a fim de ganhar o prêmio do chamado celestial de Deus em Cristo Jesus. Todos nós que alcançamos a maturidade devemos ver as coisas dessa forma, e, se em algum aspecto, vocês pensam de modo diferente, isso também Deus esclarecerá.* (Filipenses 3.7-15)

Ao discutir a questão do sucesso espiritual, estou permitindo que um livro escrito há seiscentos anos, intitulado *The Cloud of Unknowing* [A nuvem do desconhecido], nos ajude ao longo do caminho. Baseio meu ensino no Novo Testamento, mas estou permitindo que esse velho irmão nos ajude um pouco na caminhada. Deixo com você esta antiga obra devocional para sua consideração: "Ele é ciumento e não admite nenhum rival".

Paulo escreveu: "Quero conhecer Cristo [...]" (Filipenses 3.10). A palavra "conhecer" significa ter relacionamento com alguém, conhecer pessoalmente. Significa também "ter familiaridade com". Você pode conhecer pessoalmente uma pessoa e não ter nenhuma familiaridade com ela. Por exemplo, se eu apresentar a você um amigo de longa data, você poderá dizer: "Sim, eu o conheço pessoalmente". Mas não tem familiaridade com ele como eu tenho, a familiaridade de andar com ele, viajar com ele em seu carro, pregar com ele, ir de um lado para o outro com ele, conversar com ele inúmeras vezes e orar com ele. Essa é a diferença entre conhecer alguém pessoalmente e ter familiaridade com ele.

Relacionar-se com Deus é uma coisa, mas chegar ao ponto de ter familiaridade com Deus em intensidade e riqueza de relacionamento é algo mais. Paulo disse: "Quero conhecê-lo em profundidade e ter rica e intensa familiaridade com ele". Conforme eu disse várias vezes, um encontro não basta para conhecer totalmente a personalidade do outro. Você pode conhecer algumas pessoas das quais não gosta a princípio. Depois de conhecê-las, você começa a gostar delas porque encontrou o potencial oculto que desconhecia na personalidade de cada uma. Cristo é capaz de aumentar a intimidade do relacionamento pessoal.

## Não dar prosseguimento

Se tenho de dizer algo à igreja de Cristo em geral, digo isto: nossa grande fraqueza é que, além de não estar avançando para conhecer Cristo com rica intimidade e familiaridade, não estamos sequer falando sobre o assunto. Nem ouvimos falar dele. Não faz parte de nossas revistas. Não faz parte de nossos livros. Não faz parte de nossas emissoras de rádio. Não se encontra em nossas igrejas — esse desejo, esse anseio por conhecer Cristo cada vez mais. No entanto, pode ser que apreciemos essa familiaridade cada vez maior com o "isso".

Você pode dizer: "Jesus Cristo é ele, uma pessoa. Por que você o chama de 'isso'?". Talvez você não me entenda, mas Paulo diz: "se [...], *isso* também Deus esclarecerá" (3.15, grifo nosso). Antes de conhecer Deus como "ele", devemos conhecê-lo como "isso". Penso que todo teólogo concorda comigo neste ponto. Encontrei no livro de Lucas estas palavras dirigidas à virgem Maria: "[...] também o ente santo que há de nascer [...]" (1.35b, ARA). João, que não era um teólogo amador, mas o homem que recostou a cabeça no peito de Jesus, inicia sua primeira epístola maravilhosa com as palavras "O que era". "O que era desde o princípio, o que ouvimos, o que vimos com os nossos olhos, o que contemplamos e nossas mãos apalparam — isto proclamamos a respeito da Palavra da vida" (1.1). A Pessoa ainda não se encontra no texto:

> (A vida se manifestou; nós a vimos e dela testemunhamos, e proclamamos a vocês a vida eterna, que estava com o Pai e nos foi manifestada.) Proclamamos o que vimos e ouvimos para que vocês também tenham comunhão conosco. Nossa comunhão é com o Pai e com seu Filho Jesus Cristo (v. 2,3).

Só no final do versículo 3 é que ele inclui a Pessoa. Antes o autor usa "o que era", "o que vimos", "o que contemplamos".

Lembrem-se, meus amigos, Jesus Cristo, apesar de ser uma Pessoa e de ser o Filho eterno de Deus, é também "isso", a fonte de tudo. Ele é "isso", a fundação e a fonte de tudo o que você e eu fomos criados para desfrutar. Ele é a Fonte de toda a verdade; contudo, é mais — ele é a própria Verdade. Ele é a Fonte e a Origem de toda a beleza; contudo, é mais — ele é a própria Beleza. Ele é a Fonte de toda a sabedoria; contudo, é mais — ele é a própria Sabedoria e nele estão todos os tesouros da sabedoria e do conhecimento escondidos. Ele é a Fonte de toda a graça. Ele é a Fonte e a Origem de toda a vida. Contudo, é mais do que isso. Ele disse: "Eu sou o pão da vida" (João 6.35) e "Eu sou [...] a vida" (11.25). Ele é a Fonte de amor; contudo, é mais do que isso — ele é Amor. Ele é a Ressurreição. Ele é a Imortalidade e é, como diz a canção, "Brilho da glória de meu Pai, sol da face de meu Pai".

Tentamos descobrir o que há de errado conosco quando começamos a retroceder para grupos, denominações, igrejas e indivíduos. Creio que nosso Senhor Jesus acertou em cheio quando disse: "[...] você abandonou o seu primeiro amor" (Apocalipse 2.4). Não o primeiro amor consecutivo no sentido de que há amor número 1, amor número 2 e amor número 3. Mas ele disse: "Você abandonou o seu primeiro amor".

Minha pregação é uma tentativa de motivar a igreja de Jesus Cristo a redescobrir a beleza do Salvador, para que possamos começar a amá-lo de novo com a intensidade de amor que nossos pais conheciam. Já disse, e repito agora, que o poder e a grandeza de A. B. Simpson não estavam em sua teologia, pois ele certamente não era um grande teólogo quando comparado, por exemplo, a João Calvino ou a outros teólogos. O poder e a grandeza do homem residem em seu amor insaciável pela Pessoa de Jesus Cristo, o Senhor.

Há um hino que cantamos, e quero citar duas estrofes que conhecemos. A primeira diz:

> Formoso Senhor Jesus,
> Rei de toda a natureza,
> Ó tu, Filho de Deus e do homem.
> A ti amarei, a ti honrarei.
> Tu, glória, alegria e coroa de minha alma.

Conhecemos esse hino e dois outros, mas há alguns que não conhecemos. Este é um deles:

> Formosas são as flores,
> Formosos são os filhos da terra
> Quando contemplados sob a luz do sol.
> Mas perecerão, todos logo desaparecerão,
> Somente Jesus viverá para sempre.

Contemple o mundo, contemple sua família, seus amigos, seus queridos, toda a beleza encantadora das crianças e dos jovens quando vistos sob à luz do sol. No entanto, a franqueza e o realismo nos levam a dizer: "Mas perecerão, todos logo desaparecerão". Quando desaparecerem, teremos Jesus, porque somente ele "viverá para sempre".

> A maior formosura da terra,
> O mais brilhante esplendor do céu,
> Que em Cristo nos foram revelados,
> Tudo o que aqui reluz
> Rapidamente perece
> Diante de sua pureza imaculada.

Há aqueles que o incomodam porque você não fica todo empolgado com as coisas materiais. Minha falta de empolgação e entusiasmo pelas coisas materiais deixou um amigo meu muito irritado. Não consigo agir de modo diferente. Não consigo parar e olhar para um Buick ou um Cadillac com atitude de grande admiração. Não consigo. As casas que os proprietários desses carros estão construindo devem ser magníficas, mas não me causam empolgação. Quando você vê uma casa ou cidade que tem alicerces, cujo arquiteto é Deus (v. Hebreus 11.10), não consegue ficar entusiasmado com nenhuma casa que um ser humano construiu neste mundo. Não se empolga. Abraão viu a cidade que tinha alicerces, cujo arquiteto e edificador foi Deus, e não construiu uma casa depois disso. Ele disse: "Jamais vou tentar imitar. Vou viver em uma tenda até ter minha casa lá em cima". Foi lindo demais. "A maior formosura da terra e o mais brilhante esplendor do céu" são revelados em Jesus Cristo. E "tudo o que aqui reluz rapidamente perece diante de sua pureza imaculada". Essas foram as palavras que um homem disse a respeito de Jesus.

## Há um preço para conhecer Jesus

Quero dizer-lhe que há um preço para conhecer Jesus Cristo dessa maneira. Há um preço, e a maioria das pessoas não o paga de maneira alguma. É por isso que a maioria dos cristãos é comum. Os cristãos não avançam porque, por amor a Cristo, renunciaram ao que é mau — isto é, a coisas que são injuriosas, impuras e excessivamente pecaminosas. Mas não estão dispostos a renunciar "ao que é bom". Em todas as ramificações do fundamentalismo abandonamos tudo o que é excessivamente pecaminoso. Todos nós concordamos a respeito dessas coisas. Estremecemos ao pensar em um cabaré, embora existam algumas igrejas e tabernáculos que não nos permitem saber a diferença, a não ser que alguém grite "Jesus" de vez em quando para dar um clima sagrado ao local. Cabarés são lugares impuros, e devemos ficar longe deles.

Há certas coisas que não fazemos e, por amor a Cristo, abandonamos o que é mau. Essa, porém, é a marca do cristão comum, e o homem que nunca foi além disso é um cristão medíocre. Paulo abandonou o que era bom e o que era mau. Ele disse: "Abandonei não apenas as coisas que eram más; porém tudo o que era lucro para mim considerei como perda", isto é, as coisas às quais ele tinha direito, as coisas que eram lucro para ele e que ele tinha todo o direito moral e legal de se apoderar e dizer: "Isto é meu, e o cristianismo não vai tomar de mim". Paulo disse: "Desisti de tudo o que é meu porque vi algo muito melhor. Vi o que estava com o Pai: a Origem, a Fonte da qual flui toda a sabedoria, beleza, verdade e imortalidade. Por causa 'disso', abandonei tudo". Paulo sabia que o coração humano era idólatra e adoraria qualquer coisa que possuísse. Qualquer coisa que estiver em sua mão você adorará.

Da mesma forma que uma criança pequena leva seu ursinho de pelúcia para dormir com ela, nós, adultos, também temos nossos "ursinhos de pelúcia". Somos adultos e maduros demais, você sabe, para ser pegos levando um ursinho de pelúcia ou uma boneca para dormir conosco. Temos o que, para Deus, se assemelha a ursinhos de pelúcia e bonecas. Apegamo-nos a eles. Um bebê tem o direito de apegar-se a eles, claro. Acredito nisso. Havia ursinhos de pelúcia em nossa casa até o dia em que nossos filhos os abandonaram, e eles já não eram tão crianças quando fizeram isso. Mas o ponto que quero ressaltar é que nós, os adultos, as pessoas maduras ou até os adolescentes, quando continuamos a insistir em nos apegar a coisas, passamos a adorá-las. Qualquer coisa à qual você se apega passa a ser objeto de sua adoração, porque ela se interpõe entre você e Deus. Pode ser uma propriedade, a família ou reputação, segurança e até sua vida. Jesus ensinou que não podemos sequer nos apegar à vida em si. Se nossa vida na terra for algo do qual não conseguimos abrir mão nem desistir, ela interferirá em nosso caminho, e ficaremos perdidos.

Há também o apego à segurança. Queremos estar seguros. Paulo não estava seguro. Disse que morria todos os dias. Foi arrastado pelo mar durante três semanas, noite e dia, sempre em situações difíceis. Temos, porém, esse anseio por segurança: segurança nesta vida e segurança eterna no mundo acima de nós. Irmãos, Paulo disse: "Eu abandono tudo. Desisto e abro mão de tudo".

## Tesouros que comovem seu coração

Deus permitiu que Paulo possuísse algumas coisas. Permitiu que ele possuísse um ou dois livros, um casaco e até que ele alugasse uma casa para morar por dois anos, por exemplo. Permitiu que ele possuísse algumas coisas, mas Paulo nunca permitiu que aquelas coisas lhe comovessem o coração. Qualquer tesouro externo capaz de comover seu coração é uma maldição. Paulo disse: "Desisto disto para que eu possa conhecer Cristo. Para que eu possa continuar a ter uma intimidade profunda, rica e cada vez maior e um vasto conhecimento daquele que é íntimo e ilimitado em sua beleza, vou em frente para conhecê-lo. Para que eu possa conhecê-lo, desisto de tudo". Paulo nunca permitiu que alguma coisa comovesse seu coração.

Aprendemos nos últimos anos, em nossos círculos cristãos, que Cristo é algo acrescentado a uma vida terrena feliz, alegre e até certo ponto pura, porém mundana, para salvar-nos do inferno e conduzir-nos às mansões celestiais. Não é assim que o Novo Testamento considera essas coisas. Não é assim, de modo algum, que Paulo as considerava. Paulo considerava Jesus Cristo tão infinitamente atraente que nada mais tinha valor para ele. Paulo era um homem culto. Aprendeu aos pés de Gamaliel. Seria hoje o que chamamos de PhD. Ele disse: "Tudo isso é esterco". Usou uma palavra feia — "esterco". Disse: "Não é nada bom. Deixo para trás". Então, disse: "Pertenço à tribo de Benjamim e fui circuncidado no oitavo dia de vida e sou hebreu. Trago as marcas em mim, meu nome está no registro e posso mostrar-lhes quem eu sou. Mas, por amor a Jesus Cristo, nada dessas coisas tem valor. Eu coloco tudo isso sob os meus pés".

Alguns de vocês se orgulham de ter sangue holandês, e é por isso que são carnais o tempo todo. Alguns de vocês se orgulham de ter sangue sueco, e é por isso que são carnais o tempo todo. Alguns de vocês se orgulham de ter sangue de outra nacionalidade. Todo sangue é do mesmo tipo: corrompido. Não importa se tem origem na realeza ou na sarjeta. É sangue corrompido. Orgulhamo-nos de coisas e orgulhamo-nos do que fazemos. Paulo disse: "Tudo — a coisa que me pertence e da qual mais me orgulho, a coisa que me causa mais orgulho — considero como perda".

O cristianismo moderno diz: "Pare de jogar, senão você vai ser atingido por uma bomba. Pare de beber, senão vai desmoronar como Roma. Pare de fazer isto ou aquilo". Você pode escolher aquelas coisas feias e animalescas que ninguém quer fazer se estiver em seu juízo perfeito. Todas essas coisas existem. Paulo disse: "Abandonei-as há muito tempo". Ele nem sequer as havia realizado. Era judeu, estava em sã consciência e não precisava abandoná-las. É por isso que meu sorriso é um pouco azedo quando ouço o testemunho sobre alguém que se embriagava, mas foi salvo e abandonou a bebida. Ah, é bom que ele tenha abandonado a bebida, claro, mas isso deveria ser elementar. Depois ele escreve um livro sobre a péssima vida que levava! Você pode adquirir o livro. Possuo todos os livros que desejo ler.

Vamos deixar que esse antigo autor do livro *A nuvem do desconhecido* fale um pouco conosco. Ele diz: "Uma coisa, porém, vos digo: Ele é ciumento e não admite nenhum rival". Ora, irmãos, este é o nosso problema: permitir que os rivais cheguem. Nenhum sujeito decente, ninguém que tenha um pouco de autorrespeito admite um rival. O autor diz: "Deus não admite um rival". Ele prossegue, em linguagem arcaica: "Ele não intenta trabalhar conforme vossa vontade, mas apenas concordará convosco se assim o desejar", ou seja, "Ele não trabalha de acordo com a sua vontade, a menos que essa também seja a vontade dele".

## Muitos deuses

Temos muitos deuses. Temos muitas teorias para pôr em prática. Temos muita teologia que não entendemos. Temos muita religião, muito "igrejismo", muito institucionalismo, muito, muito. O resultado é que Deus não está presente. Ele diz: "Se eu não estiver presente em seu coração, não vou agir". Quando Jesus Cristo limpar o templo de todas as suas impurezas e habitar sozinho ali, ele agirá.

François Fénelon, o místico francês, escreveu a respeito da obra de Deus como se fosse um mineiro nas profundezas da terra. Você já visitou alguma mina de carvão? Nas profundezas da terra, os mineiros estão extraindo carvão, ouro ou diamantes, e as pessoas que transitam por cima ou em cima — de avião, a pé ou de carro — não fazem a menor ideia do que se passa naquelas profundezas. Não fazem a menor ideia de que há uma força inteligente em ação trazendo joias preciosas à superfície. Fénelon disse que é isso que Deus faz no coração humano. Ele trabalha de modo oculto e invisível dentro do coração.

Hoje, contudo, somos radicais. Não queremos que Deus trabalhe, a não ser que ele se apresente com barba longa e um cajado na mão, representando um papel. Queremos que ele seja dramático e faça tudo com uma boa quantidade de cores e fogos de artifício. Deus não trabalha assim. Deus diz: "Vocês, filhos de Adão; vocês, filhos da carne e da luxúria; vocês, que amam apresentações de fadas em carne e osso; vocês, que foram criados de modo errado e têm ideias erradas a respeito de meu Filho, não vou trabalhar em vocês". Jesus disse: "Não posso fazer isso. Sinto muito. Só posso trabalhar em você e habitar em seu coração se eu estiver sozinho ali".

O que alguns de vocês precisam fazer é purificar o templo. Precisam tomar providências para limpá-lo — expulsar o gado, enxotar os cambistas, eliminar a sujeira e livrar-se de muitas coisas que estão competindo com o Senhor Jesus Cristo. Meu lema é este: "Ele é ciumento e não admite nenhum rival".

O autor de *A nuvem do desconhecido* prossegue dizendo: "Eleva agora o teu coração a Deus com agitação de amor e nada disso acontece, portanto olha somente para ele" (tradução livre).[1] Procurei a palavra *lope* no dicionário completo. Trata-se de uma antiga palavra anglo-saxônica cujo significado é "relutante; não estar disposto; odiar". O significado aqui é "não estar disposto a pensar em nada, a não ser no próprio Deus". Por isso, nem sua inteligência nem a vontade que está em sua mente ou em seu coração vai fazer algo acontecer, a não ser Deus.

## Somente Cristo

A. B. Simpson falou sobre "ele próprio"[2] e melindrou e abençoou uma geração por causa disso. Ele disse: "o próprio Jesus. É dele próprio que necessitamos". É interessante saber como o sermão e o hino "Ele próprio" veio a ser escrito. O dr. Simpson viajou a Londres, Inglaterra, para uma conferência bíblica. Havia três sermões sobre santificação, e ele pregou o último. Ser o último a pregar é uma situação desconfortável. O primeiro pregador levantou-se e disse que o caminho para ser santo e vitorioso em nosso coração era subjugar o velho homem e falou sobre subjugação. O segundo levantou-se e falou sobre erradicação. Disse que a libertação da antiga vida carnal ocorre pela erradicação e por livrar-se do velho homem — arrancá-lo e expor suas raízes ao sol para ele morrer. O dr. Simpson tinha de abordar o meio-termo. Levantou-se e extraiu estas palavras para seu texto: "Ele próprio". Deu seu testemunho sobre como tentar ser vitorioso: "Às vezes,

---

[1] No original consta: "Lift up thine heart now unto God with a stirring of love and none of these goest and, therefore look thee lope". [N. do T.]

[2] No original, "Himself". [N. do T.]

eu conseguia e pensava que o havia recebido, mas depois o perdia". Ele prosseguiu: "Quando passei a entender que vitória, santificação, libertação, pureza, santidade, tudo isso é 'ele próprio', foi fácil, e minha vida encheu-se de glória". Achei que foi um belo exemplo de diplomacia e um modo sábio de lidar com um assunto e uma boa teologia. Em torno disso, ele escreveu este famoso hino:

> Antes era a bênção,
> Hoje é o Senhor.
> Antes era o sentimento,
> Hoje é a Palavra.
> Antes sua dádiva eu queria,
> Hoje quero o Doador.
> Antes eu buscava cura,
> Hoje busco ele próprio.

Deveria haver mais "dele próprio" nos dias de hoje. O cristianismo tornou-se um meio de receber coisas de Deus. Por exemplo, somos dizimistas a fim de que nossos nove décimos superem nossos dez décimos. Os negócios em geral nos fazem pensar assim, não? Isso não é espiritualidade; é apenas um negócio. Se um homem deseja ser negociante e usar Deus, tudo bem. Mas não é o que a Bíblia ensina, nem o que Paulo disse. Paulo abandonara essas coisas anos antes. Não é o que o antigo autor de *A nuvem do desconhecido* mencionou. Ele disse: "É somente ele próprio".

Não estou condenando meus bons amigos do Comitê de Negociantes Cristãos nem meus bons e amados amigos que editam a revista deles, mas digo que estão em perigo. Os negociantes cristãos podem pensar no cristianismo como

MATURIDADE ESPIRITUAL

uma forma de ter um negócio próspero aqui e uma mansão no céu — de uma forma ou de outra você vence. Eles podem pensar que, se você segue o Senhor, será próspero aqui embaixo.

Seguir o Senhor nem sempre significa prosperidade. De fato, eu diria que raramente significa ter prosperidade financeira. Mas seguir o Senhor significa, ao longo dos anos, considerar "tudo como perda, comparado com a suprema grandeza do conhecimento de Cristo Jesus, meu Senhor" (Filipenses 3.8). Se uma pessoa prospera, apesar de si mesma, então a maneira de contornar a situação é, pelo menos, doar tudo, o máximo que puder. Ela retém o suficiente para sobreviver, agradece a Deus por continuar aqui, ter o corpo e a alma unidos, uma casa para morar e um carro para levá-la à igreja e ao trabalho. Suas preocupações, porém, não vão muito além disso.

Transformamos o cristianismo em uma maneira, uma técnica para receber coisas. Esse não era o caso de Paulo — ele sabia mais que isso. Então, disse: "Mais do que isso, considero tudo como perda, comparado com a suprema grandeza do conhecimento de Cristo Jesus, meu Senhor, por quem perdi todas as coisas. Eu as considero como esterco para poder ganhar Cristo [...]. Quero conhecer Cristo, o poder da sua ressurreição [...]" (v. 8,10). Somente ele próprio. Quanto ao mais nesta vida, o autor de *A nuvem do desconhecido* diz: "Deixe que sejam assim e não dê atenção a eles".

É por esse motivo que você não chega a lugar nenhum em sua vida cristã. É por esse motivo que alguns de vocês que estão lendo isto vão deixar o livro de lado, porque estamos chegando perto demais de onde você vive. Você gostaria de ter uma vida mais profunda que lhe fosse oferecida com uma seringa ou com um copo d'água e um comprimido. "Tome este comprimido três vezes ao dia." Você não pode fazer isso. Mas é a maneira pela qual algumas pessoas entendem sua religião. Querem que seja oferecida em forma de comprimidos, portanto compram livros. Irmãos, essa coisa não existe. Há uma cruz, há uma forca, há um homem com marcas de açoite nas costas, há um apóstolo que não possui nenhuma propriedade. Há uma tradição de solidão e cansaço, de rejeição e de glória. Mas não há comprimidos. Somente ele próprio, ele próprio, ele próprio.

Eu gostaria de ver em algum lugar, ou rever uma vez mais antes de morrer, a glória que os homens conheceram da beleza de Jesus. Um velho irmão disse o seguinte a esse respeito:

> Muitos belos nomes tu possuis,
> Irmão, Pastor, Amigo e Rei,
> Mas nenhum é capaz de trazer
> Tal apoio ao meu espírito.

> Ishi,[3] Ishi, é a joia,
> Meu ele é enquanto as eras passam.
> Os anjos não conhecem tal glória,
> Santo Ishi da alma.

> As outras alegrias são curtas e fugazes,
> Tu e eu jamais nos separaremos.
> És totalmente adorável,
> Ishi, Ishi do meu coração (v. Oseias 2.16).

---

[3] Palavra hebraica que significa "meu marido". [N. do T.]

Eles cantaram essa música uma vez. Onde poderíamos cantá-la hoje? Penso que poderíamos cantá-la aqui, mas não há muitos lugares para isso porque as pessoas não conhecem o que ela transmite e incorpora. Sempre que uma boa música é rejeitada, ela é rejeitada porque as pessoas não a entendem e a consideram enfadonha. Se você gosta de *rock'n roll*, não vai gostar de "Ishi". Se gosta de Tenderly He Watches Over Me" ["Com ternura ele cuida de mim"], não vai gostar de "Ishi". Se gosta "dele", não vai gostar de "Ishi". "Ishi é a joia. Meu ele é enquanto as eras passam. Os anjos não conhecem tal glória, santo Ishi da alma."

## Vida mais profunda

É este o ensinamento da vida mais profunda: "deixar de lado todas as criaturas que Deus já fez" e parar de tentar promover sua família. Pare de tentar promover seu negócio e use Deus para essa finalidade. Pare de tentar promover qualquer coisa e use Deus para essa finalidade; deixe de lado tudo, menos Deus. "Porque ele não trabalha em seu coração, a menos que esteja lá sozinho." Deixe o resto para fora.

Um jovem pregador estuda até ter de usar óculos com lentes grossas para melhorar sua visão porque tem o objetivo de ser um pregador famoso. Ele quer usar Jesus Cristo para transformá-lo em um pregador famoso. Não passa de um mascate comprando, vendendo e lucrando. Ele será ordenado e vai ser conhecido como reverendo e, se escrever um livro, vão fazer dele um doutor. E ele será conhecido como doutor; mas continuará a ser um mascate, comprando, vendendo e lucrando. Quando o Senhor voltar, o expulsará do templo junto com as ovelhas e os bois.

Podemos usar o Senhor para qualquer coisa — ou tentar usá-lo. Mas o que estou pregando, o que Paulo ensinou, o que foi transmitido ao longo dos anos e o que deu vida ao moderno movimento missionário que você e eu conhecemos e ao qual pertencemos foi exatamente o oposto: "Ó Deus, não queremos nada do que possuis; queremos a ti". Esse é o grito de uma alma em ascensão.

Na Inglaterra, há um pássaro chamado cotovia. A cotovia voa cada vez mais alto e canta enquanto alça voo. Os poetas dizem que a cotovia voa alto e canta hinos diante da porta do céu. Sobe até ficar fora de nossa vista, e é possível ouvirmos a canção aqui embaixo mesmo sem ver o pássaro. Ela canta à medida que sobe. Meus amigos, é sobre isso que estou pregando. Mas não é isso que a maioria das pessoas deseja.

Outras palavras que um homem disse a respeito de Deus foram estas que gosto muito de citar sempre:

> O amor pousa em suas pálpebras e espalha deleite
> Por todas as imensas regiões lá no alto.
> Os querubins velam seus rostos sob o olhar dele
> E tremem em êxtase de amor.

Essas pessoas que precisam ter caminhões carregados de bugigangas para manter sua religião em andamento, o que elas farão quando não tiverem nada disso? O caminhão não pode chegar aonde elas estão indo. Ouvi um homem se vangloriar esta tarde no rádio dizendo que precisava voltar para casa porque estavam trazendo equipamentos da Pensilvânia e de Ohio para servir ao Senhor com eles. De que equipamentos você necessita para servir ao Senhor, irmão? Ora, as queridas senhoras das reuniões em acampamentos diziam:

"Vejam, com esta minha harpa de dez cordas eu louvo ao Senhor!". Elas batiam palmas com suas mãozinhas enrugadas e rostos sorridentes. De que aparatos você necessita? De um cesto cheio de apetrechos para servir ao Senhor com eles?

Irmão, se você tem dois joelhos, e mesmo que não possam ser dobrados por causa da artrite, você pode olhar dentro de seu coração. Porque oração não é dobrar os joelhos — oração é elevar o coração a Deus. Isso é tudo que um homem necessita. Você pode orar na prisão, pode orar no avião, pode orar no navio; pode orar em qualquer lugar e pode adorar a Deus, porque é ele próprio que nós queremos, ele próprio.

> O amor pousa em suas pálpebras e espalha deleite
> Por todas as imensas regiões lá no alto.
> Os querubins velam seus rostos sob o olhar dele
> E tremem em êxtase de amor.

O único avivamento em que estou remotamente interessado é o avivamento que faz as pessoas tremerem em êxtase na presença do Senhor Jesus Cristo.

Tenho lido Provérbios em meus devocionais diários e cheguei ao décimo terceiro capítulo. Quase sorri ao ler o versículo 4: "O preguiçoso deseja e nada consegue". A Septuaginta, a versão grega antiga traduzida para o português, diz: "Todo preguiçoso se ocupa em desejar" (tradução livre). A tradução de Knox diz: "A ociosidade será e não será ao mesmo tempo" (idem).

Atualmente temos muitos cristãos. Somos preguiçosos. Por ser um estudante permanente, não aceitei a palavra "preguiçoso"[4] sem questionar. Pesquisei para descobrir o significado

---

[4] Em inglês, *sluggard*. [N. do T.]

dessa palavra. Bom, "lesma"[5] é uma espécie de caracol aerodinâmico. Quando rastejam, as lesmas percorrem uma milha em um milênio. Apenas rastejam deixando um rastro molhado atrás delas. A lesma é assim. Alguma pessoa deve ter observado uma lesma preguiçosa e, quando o filho não queria trabalhar, ela disse: "Você é como aquela lesma (*slug*). É um preguiçoso (*sluggard*)". Foi assim que essa palavra passou a ser usada no inglês.

A Bíblia diz que "todo preguiçoso se ocupa em desejar". Ele vai à igreja, anda de um lado ao outro da cidade para ouvir um novo evangelista na esperança de tornar-se um homem espiritual, mas é indolente demais; é preguiçoso. "Ele será e não será ao mesmo tempo", como Knox diz. É assim que muitos cristãos são. O que você pode fazer com eles? Pode acordá-los? Eu não posso. Já tentei tudo o que podia e não sou capaz de acordar ninguém. Os preguiçosos serão preguiçosos até o dia em que o Senhor voltar, eu suponho.

Penso, porém, que alguns de vocês vão criar asas e livrar-se da concha. Vou dizer-lhes uma coisa: se algumas mulheres cuidassem da casa como cuidam da própria alma, estariam a caminho do divórcio. Os maridos não ficariam por perto. Se algumas pessoas cuidassem dos negócios como cuidam da própria alma, iriam à falência.

## Sua reação

Qual é sua reação? O velho irmão em *A nuvem do desconhecido* diz isto e descobri que é verdade: se você vai prosseguir agora e conhecer Deus, levantar-se e agitar-se, elevar

---

[5] Em inglês, *slug*. [N. do T.]

seu coração a Deus, abandonar as coisas e o desejo de ter propriedades e coisas e buscá-lo, e permitir que ele trabalhe em você sem nenhum rival, "todos os demônios [do inferno] se enfurecerão quando você fizer isso. Eles tentarão derrotá-lo com tudo o que puderem fazer". Você não conseguirá chegar até a esquina, mas algum demônio vai atrás de você. Se quer segurança, não busque Deus. Se quer segurança, o demônio lhe dará segurança por pouco tempo e depois o enviará para o inferno. Se tem medo de demônios e de todo o resto, não tente buscar Deus.

Ele prossegue dizendo: "Não deixe, portanto, de lutar até ver e ouvir". Com essas palavras, ele quer dizer o seguinte: "Não permita que nada o impeça — não permita que alguém o impeça em sua busca por Deus. Vá em frente até sentir desejo".

Dizem que esses antigos santos eram sonhadores. Eles não eram sonhadores; eram homens práticos. O autor de *A nuvem do desconhecido* está dizendo: "Quando você começa a buscar um patamar mais alto e passa a ser mais que um cristão comum, a primeira coisa que vai encontrar [é] o Diabo à sua frente para detê-lo". Ele acrescenta: "Não pare por causa disso, mas continue firme, quer você queira quer não".

Há duas ocasiões para orar: quando você quer e quando não quer. Algumas pessoas querem ser elevadas emocionalmente e conduzidas ao céu, mas os antigos santos sabiam mais que isso. Sabiam que há ocasiões em que você só atravessa o que *A nuvem do desconhecido* chama de uma "intenção nua em direção a Deus". É disto que precisamos — de uma intenção nua de conhecer Deus, de conhecer Cristo, de pôr o mundo sob nossos pés, de pôr coisas sob nossos pés, de pôr pessoas sob nossos pés. De abrir o coração somente para um amado — o Filho do próprio Deus — e deixar tudo o mais fora disso. Todos os nossos relacionamentos — marido e esposa, pai e filho, mãe e filha, negociante e sócio, pagador de impostos e cidadão — devem ser mantidos fora de nós. Porque no fundo de nosso coração temos apenas um amor. "Ele não admite nenhum rival."

### CAPÍTULO 3

# Fórmula para a maturidade espiritual

*Digam sempre aqueles que amam a tua salvação: "Grande é o Senhor!".* (Salmos 40.16b)

*Assim, façam morrer tudo o que pertence à natureza terrena de vocês: imoralidade sexual, impureza, paixão, desejos maus e a ganância, que é idolatria. [...] Escravos, obedeçam em tudo a seus senhores terrenos, não somente para agradá-los quando eles estão observando, mas com sinceridade de coração, pelo fato de vocês temerem o Senhor.* (Colossenses 3.5,22)

*[....] mas uma coisa faço: esquecendo-me das coisas que ficaram para trás e avançando para as que estão adiante.* (Filipenses 3.13)

Creio que a vida é um assunto sério, como sério é também o mundo em que vivemos. Sou encorajado a acreditar que há muitas pessoas sérias e ainda vivas no mundo que se preocupam sinceramente em saber como podem enfrentar e vencer a vida e a morte, como podem salvar uma parte do resto do mundo e como podem salvar a própria alma da desgraça.

Penso, portanto, que há algumas pessoas que desejam salvar sua alma desta geração rebelde, desta desgraça futura da queda e ruína do mundo. Como os conselhos são bem-vindos, eu gostaria de dar um a vocês. Conselho não de um homem perfeito, mas de alguém que anda com Deus, que ama e vive as Escrituras por muito tempo e cujo único motivo é lhe fazer bem.

Se você vai se salvar desta geração rebelde e salvar uma parte da desgraça do mundo e da queda e ruína do mundo, vai ter de fazer três coisas: a primeira é magnificar Deus; a segunda, mortificar a carne; e a terceira, simplificar sua vida. É isso que as três passagens das Escrituras mencionadas no início do capítulo dizem.

## Magnificar Deus

Vamos analisar a primeira em primeiro lugar. "Os que amam a tua salvação digam sempre: O Senhor seja magnificado!" (Salmos 40.16b, ARA).

Estou totalmente certo, após muitos anos de observação e oração, de que a base de todos os nossos problemas de hoje, nos círculos religiosos, é que Deus é pequeno demais.

Quando o salmista diz que o Senhor deve ser magnificado, ele não quer dizer que você deve ampliar Deus, mas que deve vê-lo ampliado. Quando pegamos um telescópio e olhamos para uma estrela, não ampliamos a estrela, apenas a vemos ampliada. Da mesma forma, não podemos ampliar Deus, mas você pode somente vê-lo ampliado.

É muito comum dizermos que os liberais e os modernistas têm um Deus pequeno e que nós, evangélicos, temos um Deus grande. Temos, sim, um Deus grande, mas a maioria de nós não o vê assim.

Meu primeiro argumento é: veja Deus ampliado; magnifique Deus. Qual é o versículo mais importante da Bíblia? Não é aquele que você imagina: "Jesus Cristo é o mesmo, ontem, hoje e para sempre" (Hebreus 13.8). Nem o outro que você também imagina: "Porque Deus tanto amou o mundo [...]" (João 3.16). O mais importante da Bíblia é este: "No princípio Deus [...]" (Gênesis 1.1). Esse é o versículo mais importante, porque é aí onde tudo começa. Deus é a montanha da qual tudo se origina, e ele é o alicerce sobre o qual tudo se assenta. Deus é tudo em tudo.

Um antigo arcebispo disse certa vez: "Deus está acima de todas as coisas, embaixo de todas as coisas, fora de todas as coisas; dentro, mas não encerrado, sem, mas não excluído; acima, mas não elevado, abaixo, mas não achatado; totalmente acima de presidir, totalmente abaixo de sustentar; totalmente sem abarcar, e totalmente dentro do recheio".

Tenho certeza de que, se víssemos Deus ampliado, veríamos as pessoas com tamanho menor. Vivemos dias de magnificação de personalidades astutas e, quando magnificamos homens, minimizamos Deus. Não pense que escapamos da maldição nos círculos evangélicos ou até nos círculos totalmente evangélicos, porque não escapamos. Reuniões inteiras transcorrem nas quais nunca vemos Deus — vemos apenas seus servos. Quanto mais crespo for o cabelo do servo, mais o vemos como servo[1]. Se ele foi perdoado por ter assassinado a tia de sua avó, nós o magnificamos mais ainda. Se foi convertido pela metade por causa de um filme, nós o magnificamos mais ainda.

Há sempre alguém famoso diante de quem nos ajoelhamos, beijando-lhes os pés. Depois não entendemos por que o Espírito Santo não nos abençoa. O Espírito Santo não nos

---

[1] O trecho reflete a visão cultural da sociedade em que o autor estava inserido na época que sermão que deu origem a esta obra foi proferido nos EUA, final do século XIX, início do século XX, quando aquele país vivia em segregação racial. [N. do E.]

MATURIDADE ESPIRITUAL

abençoa pelo mesmo motivo que não abençoa o católico que beija os pés da Virgem. O foco deles está errado. Respeitamos a Virgem, mas não a adoramos. Deus deseja que respeitemos uns aos outros, mas não que adoremos uns aos outros. Há uma quantidade enorme de adoração a heróis na igreja de Cristo.

"Proclamem a grandeza do SENHOR comigo; juntos exaltemos o seu nome."[2] Deus move-se de acordo com um propósito eterno e leva seu plano adiante. Muito tempo atrás, quando os presbiterianos se reuniam em algum lugar de Londres para elaborar o que mais tarde foi chamado de "Os 39 artigos", eles deram uma definição para cada ponto importante da doutrina, exceto para uma: a doutrina de Deus. Aparentemente ninguém soube apresentar uma definição, e penso que você adivinhou por quê.

Já estavam à beira do desespero quando um moderador apontou para um jovem ministro à frente e disse:

— Irmão, você nos conduziria em oração uma vez mais, para que Deus nos ilumine sobre o que podemos incluir no Credo a respeito de Deus?

O jovem levantou-se, segurando firme a cadeira diante dele, fechou os olhos com força, balançou a cabeça e orou com grande sinceridade:

— Ó Deus, tu és o Espírito; infinito, eterno, imutável em tua existência, sabedoria, poder, santidade, justiça, bondade e verdade.

Alguém disse:

— Basta, é isso aí. — E eles anotaram as palavras. Portanto, aqui temos: Deus é Espírito; infinito, eterno, imutável

[2] Salmos 34.3. [N. do T.]

44

em sua existência, sabedoria, poder, santidade, justiça, bondade e verdade.

O antigo novacianismo diz: "Que na contemplação da majestade de Deus toda eloquência seja feita", o que significa que Deus é sempre maior que qualquer coisa que possa ser dita a respeito dele. Nenhuma linguagem é digna dele. Ele é mais sublime que toda sublimidade, mais elevado que toda elevação, mais profundo que toda profundidade, mais esplêndido que todo esplendor, mais poderoso que todo poder, mais verdadeiro que toda verdade. Maior que toda majestade, mais misericordioso que toda misericórdia, mais justo que toda justiça, mais compassivo que toda compassividade. Nada que alguém possa dizer sobre ele é suficiente.

Em Isaías, há esta passagem:

> "Ergam os olhos e olhem para as alturas.
> Quem criou tudo isso?
> Aquele que põe em marcha
> cada estrela do seu exército celestial,
> e a todas chama pelo nome.
> Tão grande é o seu poder
> e tão imensa a sua força,
> que nenhuma delas deixa de comparecer!" (40.26).

Só vi essa passagem quando alguém a mostrou para mim. Isaías usa uma figura de linguagem que provavelmente era a mais elevada que a mente humana poderia formular. Penso que nem Shakespeare, nem Davi, nem Isaías tiveram um pensamento mais elevado que esse.

O homem Isaías viu as estrelas lá em cima nos céus como se fossem ovelhas em um pasto verdejante, e o grande Deus todo-poderoso, o Pastor, andando entre elas e chamando-as

MATURIDADE ESPIRITUAL

pelo nome. Se você não tiver medo de que sua cabeça exploda com o esforço, tente calcular o número infinito de estrelas espalhadas no céu. Depois pense em Deus conduzindo as estrelas, como um pastor conduz seu rebanho, chamando cada ovelha pelo nome. Nenhuma delas deixa de comparecer. Esse é o nosso Deus.

Meus irmãos, Deus nos chama para magnificá-lo, para vê-lo grande. Uma reunião não é grande só porque há muitas pessoas presentes. Ela é grande porque muitas pessoas veem um Deus grande na reunião. E, quanto maior elas veem Deus, maior é a reunião. Um amigo meu diz o seguinte: "Prefiro ter uma grande pequena reunião que uma pequena grande reunião". Há muitas grandes reuniões que são pequenas porque o Deus que está presente nelas é um Deus pequeno. Há muitas reuniões pequenas que são grandes porque Deus é grande no meio delas.

Se você é cristão, e tem mais experiência com Deus, deve aproximar-se de Deus, e Deus deve tornar-se cada vez maior para você, e as outras coisas cada vez menores. Se ainda precisa ser agradado pelo pastor várias vezes por mês para mantê-lo feliz, então, meu amigo, você precisa da ajuda de Deus.

Se Deus não é a maior coisa do mundo para você, sua conversa toda jamais vai me impressionar. Devemos estar onde Deus é tudo, onde entramos em uma reunião e vemos Deus, pensamos em Deus e sentimos Deus. Devemos ver Deus ao nosso redor, onde ele desce sobre nós e vê-lo em uma visão, quando sopra a brisa do dia. Devemos vê-lo no monte, no trovão e no fogo. Devemos vê-lo na cruz ensanguentado e em lágrimas e descendo do céu, montado em um cavalo branco e sentado em um trono julgando as nações. Sempre vemos Deus, e Deus está em tudo.

Quero deixar atrás de mim o aroma de Deus, para que ele receba todas as honras. Quando digo Deus, refiro-me ao Deus trino. Certa vez alguém me acusou de falar de Deus o tempo todo, enquanto outros falam de Jesus o tempo todo. Bom, não lhe dei resposta. Nunca respondo a um crítico; tenho medo. Sei que minha língua é muito afiada, portanto mantenho a boca fechada. Mas de uma coisa eu sei: quando digo Deus, refiro-me a Jesus, ao Pai e ao Espírito Santo. Assim, quando falo de Deus, não divido a Trindade. Você não pode dividir a Trindade, irmão. O antigo Credo diz que "não devemos confundir as pessoas nem dividir a substância". Deus não pode estar parcialmente presente em lugar nenhum.

Onde quer que Deus esteja, Deus está todo lá, porque não podemos dividir a substância que é Deus. Portanto, onde o Pai está, lá estão o Filho e o Espírito Santo. Onde o Filho está, lá estão o Pai e o Espírito Santo. Onde o Espírito Santo está, lá estão o Pai e o Filho. Assim, a Trindade bendita está aqui — Deus está aqui, não parcialmente, mas por inteiro. Deus não envia representantes; ele próprio está aqui. Se isso não é uma boa-nova para você, você precisa nascer de novo.

Esta é a primeira coisa — magnificar Deus. Seu ministério será pequeno, e você viverá e morrerá pequeno, a não ser que tenha um Deus maior. Oro para que o nosso Deus grandioso se faça maior aos nossos olhos, para que, quando o encontrarmos, nossa conversa não seja uma "conversa profissional"; será inteiramente sobre Deus.

## Mortifique a carne

A segunda coisa é mortificar — fazer morrer — a carne. Os cristãos deveriam admitir também que há uma realidade que devemos reconhecer, e essa realidade é a carne. Quando falo a palavra carne, *não me refiro ao corpo físico*. Aquela antiga ideia monástica de que Deus fica zangado com seu corpo é a mais tola possível. Nosso corpo é apenas o animal no qual montamos, só isso. Não é bom nem mau; é composto apenas de ossos, carne e sangue, só isso. É o que os pensadores e os filósofos chamam de amoral — não moral nem imoral, apenas neutro.

Quando a Bíblia diz: "Façam morrer" a carne, não significa que você deve matar seu sangue, seus ossos, sua epiderme, seus cabelos, dentes, olhos e estômago. Deus não está bravo com nosso corpo físico. Quando a Bíblia diz: "Façam morrer" a carne, significa fazer morrer seu ego, o velho homem, aquele eu, aquela maldade que está em você. Aquele presente que você ganhou do Diabo quando nasceu. Aquela coisa interior. Isso é sua carne.

Se o velho homem pudesse ser arrancado, como a cebola é arrancada da horta, todos nós ficaríamos muito orgulhosos pelo fato de termos sido "desacebolados" e desmascarados. Mas a parte terrível sobre crucificar a carne é que a carne é *você*. Quando diz que devemos mortificar a carne, o Senhor não se refere a maltratar nosso corpo, deixando-o morrer de fome ou deitado em camas de pregos. Ele quer dizer que você deve colocar-se na cruz. É isso que as pessoas não querem fazer.

Algumas denominações começaram a acreditar na doutrina da autocrucificação, de nos matar, de mortificar a carne por meio da cruz de Jesus. Essa é uma coisa antiquada; pertence à época dos cavalos e charretes e das botas amarradas com botões. Ninguém acredita mais, ou, se acredita, não põe em prática. Penso que é melhor não acreditar e dizer que não acredita, como alguns de nossos bons amigos calvinistas

Fórmula para a maturidade espiritual

fazem, do que dizer que acredita e, apesar disso, não pôr em prática, como se fosse uma afronta.

Há muita gente tentando conviver impunemente com o velho homem. O que quero dizer com velho homem? Estou falando de seu orgulho, seu autoritarismo, sua grosseria, sua índole, sua má vontade, sua luxúria e sua agressividade. O que quero dizer, reverendo? Estou falando de seu estudo, de sua procura por uma igreja maior, de sua insatisfação com as ofertas e de culpar o superintendente porque não é chamado para uma nova igreja. Você não é chamado porque ninguém quer você. É isso que quero dizer, reverendo.

Diáconos, o que quero dizer? Estou falando de permanecer sentado nas reuniões, deixando seu pobre pastor cansado porque é teimoso demais para humilhar-se e admitir que está errado.

O que quero dizer, músicos? Estou falando daquele comportamento que o faz odiar alguém que canta um pouco melhor que você. Estou falando daquela inveja que faz você querer tocar violino quando todos sabem que você não aprendeu a tocar esse instrumento, principalmente o diretor do coral. Você odeia aquela pessoa, gostaria que morresse e ora secretamente para que seja convidada a viver em Punxsutawney.[3] É isso que quero dizer. Todas essas coisas podem estar disfarçadas de espiritualidade, e talvez tenhamos aprendido a olhar só para um lado, cruzar as mãos bondosamente e colocar um sorriso beatífico no rosto como São Francisco de Assis e continuar a ser extremamente carnais.

Não sei por que você teme a santificação e não me importo com isso. Mas digo o seguinte: é melhor você

[3] Distrito localizado no condado de Jefferson, na Pensilvânia. [N. do T.]

MATURIDADE ESPIRITUAL

mortificar sua carne, senão sua carne lhe fará algo terrível. Nestes dias horríveis em que vivemos, além de aceitar a carne em sua manifestação moralmente boa como se fosse bastante adequada, criamos uma teologia deplorável de "circunstâncias atenuantes", por meio da qual desculpamos a carne.

As pessoas não hesitam mais em dizer: "Ah, eu estava louco de raiva!" e um minuto depois conduzem uma oração, apenas murmurando as palavras. Não confio no homem que perde a calma. Não acredito que um homem que perde a paciência e explode de raiva é um homem espiritual, seja ele pregador, seja bispo, seja papa. Ele é um homem carnal e necessita ser purificado com fogo e sangue. No entanto, desculpamos quem diz: "Eu estava louco de raiva". Se você estava louco de raiva, estava pecando e necessita ser purificado de seu mau temperamento. Mas incorporamos a carne em nossa ortodoxia e, em vez de desaprovar, elogiamos o camarada orgulhoso.

Anos atrás, Deus me deu um picador de gelo e disse: "Agora, filho, entre outros deveres, você deverá perfurar todos os egos inflados que encontrar. Vá e espete o picador de gelo neles". Em meu ministério tem havido maior quantidade de estouros e sons do ar expelido dos egos. As pessoas odeiam-me por isso, mas eu as amo pelo privilégio de diminuir o tamanho delas, porque, se há algo que devemos deixar bem claro, é que somos muito pequenos.

Quando eu era jovem, sempre gostei de armas. Possuía um revólver 22 e adorava atirar. Só por divertimento quando eu não tinha nada para fazer, o que é raro hoje, eu saía com um companheiro para atirar em uma ave que chamávamos de galinha-d'água. Assemelhava-se a um pato grande, mas, quando a alisávamos, era a ave mais enganadora que você já viu.

50

Praticamente só tinha penas. A ave em si não era muito maior que um tordo de tamanho acima do normal. Essa ilustração descreve a maioria dos cristãos. Arrepiamos nossas penas para que as pessoas não vejam que somos muito pequenos.

A palavra "mortificar" deriva do mesmo vocábulo latino "mortuário" — um lugar onde colocamos os mortos; casa mortuária ou necrotério. Significa morrer. Contudo, não falamos muito mais disso. Falamos sobre o assunto, mas não acreditamos em redução de tamanho. Você só será um homem espiritual quando Deus o reduzir ao seu tamanho correto.

Mortificar é uma palavra do Novo Testamento. Vire as costas para você mesmo e reconheça que foi morto de fato e crucificado com Cristo. Espere o sangue de Cristo e o poder do Espírito Santo transformarem em realidade aquilo que sua fé reconheceu. Depois comece a pôr em prática. Algumas pessoas vão a um altar para santificar-se, mas continuam ressentidas, ainda carregam um peso nos ombros. Ainda amam o dinheiro. Ainda são mal-humoradas. Ainda olham onde não deveriam, mas dizem que foram santificadas. São pessoas fingidas, ou pior, são pessoas enganadoras. Ou mortificamos a carne, ou a carne nos prejudicará a ponto de não termos mais nenhum poder, nenhuma alegria, nenhum fruto, nenhuma utilidade, nenhuma vitória.

## Simplifique sua vida

Para começar, simplifique sua vida. Praticamente todos nós possuímos muitas coisas, sabemos muito, vemos muito, ouvimos muito, vamos a muitos lugares e voltamos de muitos lugares. Precisamos simplificar nossa vida, senão vamos sofrer perdas terríveis.

# MATURIDADE ESPIRITUAL

A vida possui um centro e um perímetro. No centro da alma, encontramos Deus. Mas exteriormente há um pátio, campos, florestas e desertos. A maioria das pessoas não vive no centro de sua vida. "Parem de lutar! Saibam que eu sou Deus!" (Salmos 46.10a) é a grande palavra bíblica. Quase todas as pessoas sentem medo de reincidir no erro se pararem de gritar. Se pararem de lutar por um tempo para ouvir a voz de Deus, elas acham que a reunião foi a mais fria do mundo.

Algumas das reuniões mais maravilhosas do mundo são aquelas nas quais Deus está presente com tanto poder que as pessoas têm medo de falar. Algumas das reuniões mais maravilhosas às quais estive presente foram reuniões nas quais ninguém sequer sussurrava. O imenso poder de Deus estava presente, e ninguém ousava abrir a boca. Quando oro de forma muito eloquente, estou pelo menos cumprindo meu dever de ter uma vida de oração. Quando, porém, paro de ser eloquente, apresento menos teologia a Deus, fecho a boca e apenas olho para cima esperando que Deus fale ao meu coração, ele fala com tanto poder que tenho de pegar um lápis e um caderno para anotar o que ele está dizendo ao meu coração.

Quanto mais nos afastamos do centro de nossa vida, mais velozes somos e menos poder possuímos. Qualquer um que conheça máquinas sabe que, se você tiver uma roda pequena em um eixo de força, terá menos velocidade, porém mais poder. É por isso que você muda as marchas de seu carro — o motor tem mais potência quando está em marcha reduzida, porém ganha mais velocidade quando você aumenta a marcha do carro, porque está mais afastado do centro. O mesmo ocorre com o povo de Deus.

Quanto mais você se afasta do centro de seu coração, da presença de Deus e do santuário de sua alma, mais velocidade você ganha e menos poder possui. A maioria das pessoas gosta da correria e não se importa com o poder. Quando Sócrates estava em Atenas, alguém o levou para conhecer as lojas de 10 centavos da cidade. Depois de andar meio dia com os velhos pés descalços, ele se sentou para descansar. Perguntaram-lhe:

— O que você achou do passeio, Sócrates?

Ele respondeu:

— Eu nunca soube que havia tantas coisas em Atenas pelas quais não me interesso.

Foi uma boa resposta, não? Hoje há muitas pessoas atarefadas demais que sabem demais e leem muitas coisas.

Dizem que sou radical, mas sou chamado de radical desde os 19 anos de idade. Permita-me dar-lhe um conselho. Você sabe como ter um avivamento intenso em sua alma? Vá para casa e deixe as tomadas do rádio e da televisão desligadas durante dez dias inteiros. Não estou dizendo para você jogar fora esses aparelhos. Eu quase disse vá para casa e desligue a tomada do telefone, mas não vou dizer — talvez esse aparelho seja necessário. Mas pelo menos vá para casa e desligue a tomada da televisão e do rádio. Depois fique a sós com Deus e descubra-o pela primeira vez.

## CAPÍTULO 4

# Praga, a palavra aterrorizante

*"Quando houver fome ou praga no país, ferrugem e mofo, gafanhotos peregrinos e gafanhotos devastadores, ou quando inimigos sitiarem suas cidades, quando, em meio a qualquer praga ou epidemia, uma oração ou súplica por misericórdia for feita por um israelita ou por todo o Israel, teu povo, cada um sentindo as suas próprias aflições e dores, estendendo as mãos na direção deste templo, ouve dos céus, o lugar da tua habitação. Perdoa e age; trata cada um de acordo com o que merece, visto que conheces o seu coração. Sim, só tu conheces o coração do homem. Assim eles te temerão durante todo o tempo em que viverem na terra que deste aos nossos antepassados."* (1Reis 8.37-40)

A palavra "praga" é uma das mais aterrorizantes de todas as línguas. Desde os primórdios da história, essa palavra e todas as suas conotações têm paralisado o mundo. Em suas formas menos terríveis — ferrugem e mofo, como diz a passagem —, a praga às vezes ataca a natureza.

Quando eu era menino e vivia nas colinas da Pensilvânia, havia castanheiros por toda parte — desde pequenos brotos até árvores grandes e majestosas. Todo outono, por volta da primeira geada, os esquilos subiam nas árvores e derrubavam as castanhas maduras. Os meninos do campo saíam com um cesto para pegá-las e levá-las para casa. Não pediam permissão aos esquilos; apenas se aproveitavam do trabalho e esforço dos esquilos. Se não houvesse esquilos por perto, eles derrubavam as castanhas com pedras ou pedaços de pau e depois abriam a grande concha espinhosa para retirar as castanhas. Poucos anos depois, a praga do castanheiro atingiu a Pensilvânia — todos os castanheiros morreram. Não sou muito bom em estatística, mas me lembro de ter ouvido falar que sobraram apenas 17 castanheiros dos milhões que um dia enfeitaram a paisagem, as colinas, as florestas e os campos daquele magnífico estado.

Em Chicago e em muitas outras áreas do país, temos o olmo americano. Você deve conhecer essa árvore. É alta, imponente, majestosa e cresce como um leque. As árvores são plantadas dos dois lados de uma avenida e depois de alguns anos elas se juntam no alto, formando uma espécie de nave de uma catedral na rua por onde os carros transitam. Mas a praga atacou os olmos. O governo está lutando para detê-la, porém os olmos estão morrendo. Se a ciência moderna não puder deter essa praga, em questão de dois anos ou mais Chicago, a cidade de árvores frondosas como uma floresta, ficará desolada e sem olmos porque todos os olmos morrerão.

Essa é a praga em sua forma menos terrível. Mas o horror total da praga atinge os seres humanos, como ocorreu na "peste negra" no século XIV. Pelo que me lembro da estatística — repetindo, vagamente —, 25 em cada 100 pessoas da população morreram em razão da peste negra. Mesmo hoje, com todos os nossos antibióticos e outros medicamentos maravilhosos, as palavras "peste bubônica" ainda chegam aos ouvidos do povo com um som terrivelmente amedrontador.

Na Bíblia, a lepra era chamada de praga. O homem tinha uma vida normal, sem saber que havia algo de errado com ele; ia trabalhar de manhã e voltava à noite e via os filhos correndo para abraçá-lo, rindo e falando enquanto ele vinha pela calçada. Um dia, ele nota uma mancha nas costas da mão e não dá importância a isso. "Foi uma picada de inseto", ele diz. Mas a mancha continua lá no dia seguinte e no outro. Ele não conta nada à esposa e, naqueles tempos antigos do Novo Testamento, vai conversar com o sacerdote. O sacerdote olha para a mancha, faz um teste, aguarda sete dias e diz: "É lepra".

Imagine o susto e o horror dessa coisa terrível! Não é de admirar que as pessoas odeiem consultar um médico quando desconfiam que estão desenvolvendo um câncer. Elas não querem ouvir falar dessa praga da carne. Mas essa não é a pior coisa que pode acontecer a um ser humano e não é o pior tipo de praga que existe.

Salomão, ao orar pelo Espírito Santo, diz: "[...] cada homem que conhecer a praga do seu próprio coração [...]".[1] Aqui temos a praga do *coração*, não da carne; é mais profunda. Está no espírito do homem — bem no fundo —, naquela parte com a qual ele vai ter de conviver para sempre. É a praga do coração.

## A praga do coração

A praga do coração é mais perigosa que Satanás. Este pode destruir apenas aquilo que contém a praga. Não pode prejudicar um homem que não tem praga. Se um homem tem uma praga no coração, é um convite para Satanás. É por meio dela que Satanás chega à alma dos homens. Jesus disse: "[...] o príncipe deste mundo está vindo. Ele não tem nenhum direito sobre mim" (João 14.30). Quando, porém, o príncipe deste mundo veio a Pedro, encontrou covardia. Quando veio

[1] 1Reis 8.38 (BKJ). [N. do T.]

a Judas, encontrou amor ao dinheiro. Encontrou a praga naqueles dois homens, destruiu um e quase destruiu o outro. Satanás só é destrutivo quando encontra terreno para trabalhar, algo que lhe pertença. Ele é o pai de todas as pragas. Quando encontra seus filhos no coração de um homem, ele os quer para si. Toma posse do local da praga como se fosse seu e trabalha ali. Essa doença é mais terrível que qualquer outra doença física, guerra e calamidades da natureza, mais terrível que a bomba atômica.

A praga do coração é capaz de destruir o homem inteiro. A bomba atômica pode transformá-lo em pó, e você morre instantaneamente; no entanto, não consegue atingir sua alma, seu coração e seu espírito. Mas a praga do coração já está no espírito, na alma e no coração do homem, portanto é pior que bomba, pior que qualquer calamidade da natureza. A praga do coração pode destruir o homem.

A força dessa praga encontra-se em sua furtividade. É como uma pantera. Tem como proteção sua cor e pode aproximar-se sorrateiramente de você. Pode assumir o controle sem você desconfiar. Pode pôr seus ovos mortais embaixo das folhas do jardim do Éden, incubá-los ali, e de repente ela aparece, espalha e explode a céu aberto, em forma de condutas e hábitos desastrosos.

O estranho efeito secundário dessa praga do coração é que dificilmente a pessoa admite sua presença. Poucas estão dispostas a admitir que há uma praga ali porque a praga é acompanhada de vergonha e medo. Se você fizer um convite para as pessoas se apresentarem à frente da congregação e disser: "Você quer que sua necessidade seja atendida?", qualquer um se apresentará porque ninguém se envergonha de declarar que tem uma necessidade a ser atendida. Mas, se disser: "Você tem uma praga da qual deseja ser liberto?", todos permanecerão no lugar. Você não vai ter muito sucesso se falar dessa forma.

Ninguem gosta de ouvir falar da praga do coração. As pessoas querem rir e entreter-se com oratória ou com histórias. Dificilmente alguém conhece a praga do coração. Mas não há nenhuma ajuda possível até a reconhecermos — isto é, até que o Espírito Santo nos deixe bem claro.

Encontra-se na passagem da Escritura no início deste capítulo — quando as pessoas se arrependem, estendem as mãos e confessam, são libertas; mas só fazem isso depois de reconhecer isso. Ninguém consulta o médico enquanto não tiver motivo para acreditar que está doente. Ninguém pede para ser purificado com sangue enquanto não souber que está doente — que está impuro, que tem uma praga. Somente Deus pode deter uma praga. Ninguém mais.

O aspecto terrível da praga do coração é que você não consegue chegar até ela. Nenhum cirurgião pode retirá-la, nenhum psicólogo pode investigá-la; ninguém pode chegar até ela. Você não pode tirar um raio-X dela; não pode encontrá-la por meio de exames. Não há nada que você possa fazer. A praga do coração aprofunda-se na natureza, e você não consegue chegar até ela. Ninguém pode ajudá--lo, e você não pode ajudar a si mesmo. Se for atingido por uma praga, não poderá chegar até ela — mas ela está lá! Está lá incubando. Talvez não seja muito grande ainda, mas está crescendo, chocando, desenvolvendo-se, penetrando a corrente sanguínea, a vida.

Não há ajuda possível, a não ser Deus e somente Deus. Os antigos escritores davam a isso o nome de "purificação do amor perdoador de Deus". Gosto dessa expressão. Eles também falavam da "restauração da inocência moral". Você sabe que pecou, mas está purificado de modo tão completo que parece que não pecou. Reconhece seu pecado e arrepende-se de todo o seu passado; mas a purificação é tão completa que o transforma em uma criança novamente, como um bebê, nu como no dia em que nasceu, inocente pelo amor perdoador de Deus e pela purificação do sangue. Contudo, o perigo é que não sabemos que temos essa praga. Veja o que ela tem feito às pessoas.

## Seu efeito

Veja o que ela fez a Caim (v. Gênesis 4.1-11). Você acha que Caim era totalmente mau? Adão e Eva não sabiam. Não esperavam que ocorreria um assassinato; não havia nenhuma indicação disso. Você acha que Caim não costumava carregar seu irmão mais novo e passear com ele? Talvez dormisse perto dele para se aquecer e lhe desse brinquedos para ele se distrair. Você acha que Caim não possuía um pouco de afeição humana normal? Certamente que sim; mas ele tinha a mancha da praga, e ela chocou seus ovos nele. João diz que Caim "matou seu irmão. E por que o matou? Porque suas obras eram más e as de seu irmão eram justas" (1João 3.12). Caim era ciumento!

Foi o ciúme no coração de Caim que o fez dizer a seu irmão: "Vamos para o campo" (Gênesis 4.8), e eles foram dar um passeio, mas um voltou e o outro foi enterrado embaixo das folhas das árvores. Encontraram seu sangue ali na terra fofa; e o sangue clamou a Deus por vingança contra o homem que possuía a mancha da praga.

Depois houve Acã no Antigo Testamento (v. Josué 7). Acã era um homem decente; não há nada que prove o contrário. Tinha uma esposa a quem, sem dúvida, amava. Tinha uma família — uma família razoavelmente grande — e era um homem bom, honesto e obediente. Era tão obediente e honesto que ninguém imaginou que fora ele quem havia roubado a barra de ouro e a capa babilônica, desobedecendo à ordem direta de Deus.

Se Acã fosse um delinquente, um criminoso suspeito ou um homem que precisava ser vigiado, eles não teriam tido tanto trabalho para encontrar o autor daquilo. Já saberiam. Teriam dito: "Ninguém duvida de que foi ele. Ele se intromete em tudo; provavelmente foi ele". Acã era um homem bom; talvez cantasse no coral, gostasse de ajudar e fizesse muitas coisas boas. Não havia nada de errado com Acã, exceto que ele tinha a mancha da praga e não sabia. Queria o ouro e a capa e desobedeceu a Deus para consegui-los. Quando Israel foi derrotado, Deus disse: "Vão atrás do homem com a mancha da praga. Quando o encontrarem, livrem-se dele, e tudo voltará ao normal". Foi o que eles fizeram.

Você acha que Acã queria ser morto ou ver sua mulher morta só por ter cometido um pequeno furto? Tenho certeza de que ele empalideceu mortalmente quando viu que seria apedrejado. Passou os braços ao redor da esposa, e suponho que tenha dito: "Você me perdoa? Eu não queria magoar você nem nossos filhos. Só queria o ouro". Não sei o que a esposa ou os filhos diriam ou poderiam dizer. Mas eles foram levados ao vale de Acor, apedrejados até morrer e cobertos com um grande monte de pedras para que todas as gerações pudessem ver o que a praga pode fazer ao coração do homem quando ele não lida com ela.

## MATURIDADE ESPIRITUAL

Depois houve Herodes, que dava ouvidos a João Batista (v. Marcos 6.14-28). Mandava buscá-lo e dizia: "Pregue para mim". João Batista ia e pregava para ele. Herodes era, suponho, um rei comum, e ouvia com uma mistura de prazer e preocupação. O profeta lhe causava inquietação. Certa noite, Herodes organizou uma festa na qual uma moça dançou para ele — uma daquelas bonequinhas pintadas, astuta e vulgar. Ela se apresentou e dançou diante dele, dando tudo de si. Então, os olhos do velho rei começaram a brilhar com uma luz que não deveria estar nos olhos de um ancião. Quando a moça dançou sinuosamente como o ramo de um salgueiro ao vento e deu um salto com os olhos fixos no rei, ele não se conteve. Com o suor brotando em sua testa lasciva, ele a chamou e disse:

— O que você gostaria de ter, querida? Peça-me qualquer coisa, e eu lhe darei.

Ela disse:

— Vou perguntar à minha mãe.

Então, correu para falar com a mãe, que já estava preparada. Voltou e pediu:

— A cabeça de João Batista!

Por ter feito aquela promessa diante de todos, Herodes não pôde voltar atrás. Tremendo com um medo supersticioso, ele enviou um carrasco, que trouxe a cabeça de João Batista em um prato e entregou-a à pequena meretriz. Ela a pegou e entregou à sua mãe. Você acha que Herodes esperava isso? Sua luxúria e imprudência, seu medo e orgulho e seu amor pelo trabalho — você acha que ele tinha a intenção de matar um profeta? O terror deve tê-lo acompanhado pelo resto da vida, porque, quando Jesus chegou às cidades vizinhas e realizou milagres, ele empalideceu de medo e enviou alguém para perguntar se João Batista ressuscitara dos mortos. Daquele dia em diante até Herodes morrer, o fantasma da cabeça de João Batista aparecia sorrindo de cada cerca-viva no escuro. Não era essa a intenção de Herodes, mas ele desconhecia a praga que existia em seu coração.

Posteriormente, houve um homem chamado Ananias (v. Atos 5.1-10). Ele amava o dinheiro e amava a boa posição que ocupava na congregação. Queria dar a impressão de que era um contribuinte generoso, mas ao mesmo tempo queria reter uma parte do dinheiro. Era mentiroso, enganador; também amava o dinheiro e a boa reputação. Entrou em uma enrascada e não conseguia sair, portanto tentou trapacear e mentiu para o Espírito Santo.

Ananias devia ter algo bom dentro de si; ele e a esposa faziam parte daquela rigorosa igreja primitiva, que possuía laços estreitos com a moralidade, tendo o Espírito Santo sobre eles como chamas de fogo. Você acha que ele era um homem incauto? Não! Um homem incauto e descuidado não faria o que ele fez. Acha que não levava uma vida discreta? Claro que sim. Mas ele tinha a mancha da praga no coração. A praga estava ali. A praga estava nele, e ele mentiu para o Espírito Santo.

Pedro disse: "Vão buscar o homem". Se Pedro não tivesse o dom do discernimento, ninguém ficaria sabendo! Ananias teria vivido e morrido com idade avançada e provavelmente, quando envelhecesse, lhe dariam uma espécie de medalha cristã com estes dizeres: "Para Ananias, por seu longo e fiel trabalho aqui como membro para o nosso Senhor". O Espírito Santo alcançou Ananias. Ananias tinha a fama de

## MATURIDADE ESPIRITUAL

ser um membro excelente daquela igreja, mas era dissimulado e enganador. Tinha a fama de ser generoso, mas mentiu sobre quanto ofertou. Então, caiu morto, e foi carregado para fora. Quando sua esposa chegou, ela também caiu morta, e foi carregada para fora.

Há pecados dos quais não podemos nos recuperar. Há pecados sobre os quais não podemos orar, pelo menos um. Há muitos pecados que as pessoas nunca cometem porque, quando os cometem, não tentam se reabilitar. Poderiam, mas não tentam.

## Livre de suspeita

A praga permanece livre de suspeita como a praga da luxúria. Um homem pode suar a camisa trabalhando em um ministério sem saber que existe em seu coração a praga não detectada, incorrigível e impura da luxúria. No dia seguinte, seu nome aparece em todos os jornais. O orgulho reside no peito humano, e não sabemos que ele está lá; mas ele está lá e incuba seus ovos. Você se lembra do outro Herodes que fez um discurso, foi chamado de deus e morreu comido por vermes (v. Atos 12.21-23)? A praga invadiu os próprios vermes que destruíram o homem.

Conheço muitas pessoas que guardam ressentimento. Conheço certo pregador de certa denominação — conheço-o há muito tempo —, e o ressentimento é uma característica dele. Basta conversar com ele durante vinte minutos para vê-lo arrepiar-se de ressentimento contra alguma coisa que alguém lhe fez. Tal igreja agiu mal com ele; o superintendente ficou contra ele; alguém do conselho o traiu. O ressentimento nunca deve fazer parte da vida de qualquer filho de Deus.

Se somos cristãos, carregamos a cruz; e, ao carregar a cruz, Jesus não reclamou.

Depois há os pecados secretos. Agora que estou envelhecendo e muitas pessoas sentem mais liberdade de conversar comigo sobre assuntos particulares, elas chegam e confessam coisas que nunca sonhei que alguém fizesse. Não sou um homem inocente nem de longe e tenho cometido muitos pecados que agora estão sob o sangue precioso de Jesus Cristo, mas não sabia que as mulheres podiam cometer os pecados que elas cometem. Minha mãe ensinou-me o conceito de feminilidade, e carrego esse conceito comigo. Ela nunca dizia uma palavra ruim nem tinha pensamentos ruins. Apesar de ter se convertido ao cristianismo mais tarde na vida, ela vivia de maneira tão pura quanto os estoicos. Eu tinha ideia de que todas as mulheres eram assim. Foi um choque quando envelheci e descobri que as mulheres se entregam até o ponto de se tornarem culpadas de pecados que não podemos sequer pronunciar. É preciso ser médico para falar deles.

Depois há os rancores ocultos. Algumas pessoas nunca perdoam outras pelo que elas fizeram. Dizem: "Eu as perdoei", mas as evitam e, ao evitá-las, provam que guardam rancor.

Algumas pessoas têm temperamento forte. Culpamos nosso avô irlandês ou outra coisa qualquer, mas é mancha de praga. Lembro-me de um homem que demonstrava ter grande espiritualidade e tornou-se pastor titular de sua denominação. Certa noite, na reunião do conselho, ele perdeu as estribeiras como se estivesse cavalgando uma mula, e depois disso ninguém acreditou nele.

Certa vez, um homem que eu imaginava ser um distinto cristão comprou um carro novo, e alguém bateu em seu paralama e o afundou. Ele estourou como uma pequena bomba. Nunca mais voltei a acreditar nele. Quando vejo um homem ficar furioso, não acredito mais nele enquanto não souber que ele foi à Fonte que purifica e recebeu libertação. Nenhum homem tem o direito de andar por aí com um temperamento explosivo, da mesma forma que não tem o direito de abrigar uma cascavel no bolso do paletó. Ele não tem o direito de agir assim, da mesma forma que não tem o direito de deixar de tratar um câncer na língua, porque destruirá seu ministério. Ele pode orar e testemunhar, doar e trabalhar, mas, se um dia explodir de raiva, ninguém acreditará mais nele.

Há, ainda, a inveja. Você sabe qual é a diferença entre ciúme e inveja? Ciúme é a dor que você sente quando pensa que alguém tem algo que pertence a você. Inveja é a dor que você sente quando pensa que alguém tem algo que pertence a *ele*. Há uma diferença. Tudo bem; mas ela existe. O ciumento sente ciúme se eu pegar o que pertence a ele. Mas o invejoso sente inveja porque tenho o que nunca pertenceu a ele.

## A cura da praga

Deus pode curar a praga. Ele a cura com sangue e fogo. Há uma palavra que foi perdida em nosso vocabulário cristão — é a palavra "purgação". Não a usamos mais. Convidamos as pessoas a se apresentarem diante da congregação para receber algo, mas esquecemos que aquilo que elas mais devem receber é purgação — uma depuração, uma purificação. Jesus Cristo purga, purifica, retira a mancha da praga e conserta o que está lá dentro.

Não sei que nome dar a esta doutrina que estou pregando. Não concordo com os erradicantes, então não pode ser erradicação. Não concordo com os supressivos, então não pode ser supressão. Não me pressione sobre como classificar esta doutrina; não sei. Só sei que há sangue e fogo e que isso expulsará a impureza, tornará você limpo e o manterá limpo para que você não corra o risco de ter uma incubação de iniquidade em seu espírito que surgirá repentinamente em você.

> O sangue que Jesus derramou por mim
> Como meu Redentor naquela cruz,
> O sangue que torna livre o cativo
> Nunca perdeu seu poder.

Cantávamos esse hino nas reuniões de acampamento no leste do país.

Dê a isso o nome que você quiser e classifique-se onde você se encontra doutrinariamente neste assunto; existe uma vida vitoriosa. A propósito, os Wesleys nunca ensinaram erradicação, mas acreditavam que podemos ser enchidos com o perfeito amor que mata o antigo mal dentro de você. Veja o que Charles Wesley escreveu:

> Jesus, teu amor vitorioso
> Foi derramado em meu coração;
> Meus pés não mais andarão a esmo,
> Pois estão enraizados e fixos em Deus.

> Oh, que em mim o fogo sagrado
> Possa começar a brilhar agora,
> Queimando a impureza do desejo vil
> E fazendo as montanhas fluírem.

Apenas outra figura, porém é a mesma. É a destruição da mancha da praga.

Oh, que agora do céu possa cair
E todos os meus pecados consumir!
Vem, Espírito Santo, por ti clamo.
Espírito de fogo consumidor, vem.


Fogo refinador, atravessa meu coração,
Ilumina minha alma;
Espalha a tua luz por toda parte
E santifica todos nós.

É disso que necessitamos — de fogo refinador que caia em nosso coração para matar a praga, destruir a mancha da praga em nossa vida. Algumas pessoas afagam a mancha da praga e a transformam em animal de estimação. Os homens a eufemizaram, atribuíram-lhe um nome eufônico suave para que seu som fosse mais agradável. Vocês a chamavam de temperamento forte, mas agora dizem que são nervosos. Vocês a chamavam de ganância quando ela estava no coração de outra pessoa, mas agora dizem que pensam no futuro.

Podemos renomear as coisas, mas elas continuam a ser as mesmas pragas antigas. Necessitamos do "fogo refinador" para "atravessar o coração", "iluminar a alma", "espalhar a tua luz por toda parte e santificar todos nós". Necessitamos de purificação. Se eu disser: "Venha e receba", você virá para receber. Mas eu digo: "Venha e receba libertação, venha e seja livre". Claro, somos desprestigiados quando fazemos isso e não gostamos.

Preguei essa mensagem em um de nossos acampamentos, e havia uma jovem entre os que lá estavam; não me esqueci de seu rosto. Ela se ajoelhou diante do altar, e Deus atendeu ao seu pedido e levou embora aquilo que lhe causava vergonha. Ela se levantou completamente encantada. Foi procurar seu sogro com quem teve uma desavença, abraçou-o e me chamou. Depois começou a andar de um lado para o outro dizendo repetidas vezes: "Não sabia que isso poderia ter acontecido comigo". O que aconteceu? Não vamos agir como se fôssemos técnicos, doutrinários e divididos. Digamos que o fogo refinador atravessou o coração dela, iluminou sua alma e espalhou a vida de Deus por toda parte e santificou todos nós. Ela se levantou e disse: "Não sabia que isso poderia ter acontecido comigo".

Sei o que Deus pode fazer por um homem. Eu tinha um temperamento tão forte que uma vez, pelo menos ao que me lembro, senti tanta raiva que adoeci e fiquei de cama. Vi meu pai ficar tão furioso a ponto de puxar de tal forma o freio do cavalo que fez a boca dele sangrar. Vi meu pai perder o controle e ficar tão furioso a ponto de pegar uma pá e golpear um carrinho de mão com ela por causa de uma raiva insana.

Eu tinha o mesmo temperamento, com seus altos e baixos. Mas o precioso sangue de Jesus e o fogo do Espírito Santo me tornaram diferente de meu pai — apesar de eu ter sido criado para ser parecido com ele. Quando faço a barba, vejo meu pai olhando para mim. Mas ele só veio a saber da praga em seu coração aos 60 anos de idade. Converteu-se quando tinha 60 anos e morreu quatro anos depois. Teve quatro anos para andar com Deus antes de partir finalmente.

Deus pode libertar você dos maus hábitos, das más tendências e do mau temperamento. A pequena Frances Ridley Havergal testemunhou: "Tive essa experiência quando cheguei ao lugar onde meu coração sabia que, quando o Espírito Santo dissesse: 'O sangue de Jesus Cristo purifica de todo pecado', ele queria realmente dizer 'de todo pecado'".

## CAPÍTULO 5

# A vida mais profunda

*Portanto, deixemos os ensinos elementares a respeito de Cristo e avancemos para a maturidade, sem lançar novamente o fundamento do arrependimento de atos que conduzem à morte, da fé em Deus.* (Hebreus 6.1)

Ao usar as palavras "vida mais profunda", não me refiro a uma vida mais profunda do que a Escritura indica. Não desejo nada que não possa ser encontrado na estrutura da revelação cristã. Não quero que nada seja acrescentado. É por isso que não compro livros sobre como despertar nosso plexo solar e sintonizar os processos cósmicos nem assisto a palestras sobre o assunto. Tudo isso não faz parte da Escritura; qualquer coisa que esteja na Palavra de Deus é boa, e qualquer coisa que não esteja na Palavra de Deus não é boa. Portanto, vamos deixar que essa gente fale a pessoas que não conhecem a Palavra; eu fico com a Palavra.

Sou um cristão bíblico, e, se um arcanjo com uma envergadura de asas tão grande quanto uma constelação brilhando como o sol aparecesse e me oferecesse uma nova verdade, eu lhe pediria referências. Se ele não conseguisse me mostrar onde tal verdade se encontra na Bíblia, eu me afastaria dizendo: "Sinto muitíssimo, mas você não apresentou nenhuma referência". Assim, não estou falando de uma vida mais profunda do que a Escritura indica, mas meramente a vida que é, de fato, o que ela confessa ser no nome.

## MATURIDADE ESPIRITUAL

O cristão não é necessariamente aquele que foi batizado, embora seja provável que ele tenha sido batizado. O cristão não é aquele que participa da Comunhão. Se for corretamente ensinado, ele participará. Mas ele não é necessariamente um cristão. O cristão não é aquele que nasceu em um lar cristão, embora existam grandes possibilidades de que ele será um cristão, desde que tenha tido uma boa formação cristã. O cristão não é aquele que memorizou o Novo Testamento, que é apaixonado pela música cristã ou que vai ouvir o coral Apollo Club cantar o *Messias* todos os anos. O cristão pode fazer todas essas coisas e concordo que faça. Mas isso não o torna um cristão. O cristão é aquele que mantém um relacionamento correto com Jesus Cristo.

O cristão gosta de ter uma espécie de união com Jesus Cristo. Todo mundo mantém algum relacionamento com Jesus Cristo, exatamente da mesma forma que todos nos Estados Unidos mantêm algum relacionamento com Kruschev [ex-líder da União Soviética]. Minha relação pessoal é de hostilidade ativa, na medida do possível dentro de uma estrutura cristã. Não podemos odiar pessoas, mas podemos odiar tudo o que elas representam, e quero ser conhecido por fazer isso. Mas todo mundo se relaciona com todo mundo, e todo mundo tem um relacionamento com Jesus Cristo. Esse relacionamento pode ser de fé adoradora e de amor; pode ser de admiração; pode ser de hostilidade; pode ser de completa indiferença, mas é uma atitude de algum tipo. Existe um relacionamento, seja de que tipo for, entre todo ser humano e Jesus Cristo, isto é, todo ser humano que já ouviu falar de Jesus Cristo. No entanto, o cristão é aquele que mantém uma relação correta e apropriada, uma relação bíblica, com Jesus Cristo.

## A natureza do relacionamento

O cristão mantém dois tipos de relacionamento — ou melhor, a união é de dois tipos; é judicial e vital. Vou explicar essas duas palavras.

Em Romanos, temos o relacionamento judicial que todos mantêm com Jesus Cristo: "Tendo sido, pois, justificados pela fé, temos paz com Deus, por nosso Senhor Jesus Cristo, por meio de quem obtivemos acesso pela fé a esta graça na qual agora estamos firmes; e nos gloriamos na esperança da glória de Deus" (5.1,2). Em Efésios, no capítulo 1, há aquela passagem citada com frequência: "Bendito seja o Deus e Pai de nosso Senhor Jesus Cristo, que nos abençoou com todas as bênçãos espirituais nas regiões celestiais em Cristo. Porque Deus nos escolheu nele antes da criação do mundo, para sermos santos e irrepreensíveis em sua presença" (v. 3,4) e assim por diante.

Cito essas passagens não para fazer uma exposição, mas para assinalar o fato de que mantemos certo relacionamento judicial com Deus em Cristo, da mesma forma que você tem obrigações com seus filhos. Você poderá ter problemas com a lei se negá-las. O sistema legal reconhece um relacionamento entre você e seu filho. Não é apenas biológico; é judicial — você é responsável perante a lei. Não pode negligenciar nem maltratar seu filho, não pode deixá-lo passar fome nem fugir e abandoná-lo. Você tem de cuidar dele; ele é seu filho.

Há um relacionamento que mantemos com Deus em Cristo. É um relacionamento de filhos para o Pai; somos filhos de Deus. Como há muitos versículos que tratam disso, não preciso citar nenhum deles.

Há um relacionamento vital que é completamente outra questão. O marido e a esposa não têm filhos e decidem adotar

MATURIDADE ESPIRITUAL

um menino. Perante a lei, o menino tem exatamente o mesmo relacionamento com aquele homem como se fosse seu filho legítimo. Perante a lei, o pai é responsável por alimentar, educar, abrigar e cuidar do menino até que ele atinja a maioridade. No entanto, o relacionamento é judicial; não é biológico, não é vital. O menino não procede da antiga, bem antiga, árvore genealógica daquele pai. Procede de outra árvore genealógica e foi adotado na família. O pai tem um relacionamento judicial, mas não vital, com aquele filho.

O cristão, porém, tem um relacionamento vital com Deus e com Cristo. Cristo disse: "Eu sou a videira; vocês são os ramos" (João 15.5a). O ramo é um ramo porque mantém um relacionamento vital. A vida da videira está no ramo, e a vida do ramo procede da videira. Os dois estão unidos em um relacionamento vital. O cristão é aquele que foi judicial e legalmente feito irmão de Jesus Cristo e filho de Deus. Contudo, ele é mais do que isso — é aquele que foi unido a Jesus Cristo pelo poder e moções da vida, para que se relacionasse vitalmente com ele.

É aí que começamos e, em muitos círculos, é aí que quase todas as pessoas terminam. As escolas e conferências bíblicas, os livros e as casas publicadoras dedicam-se à constante repetição do fato de que estamos judicial e vitalmente relacionados com Jesus na salvação. É até esse ponto que chegamos. Há outros relacionamentos que podemos ter também com Cristo, e foi o que o autor de Hebreus quis dizer com estas palavras: "Portanto [...] avancemos para a maturidade [...]" (6.1a).

É o que o capítulo 3 de 1Coríntios quer dizer, quando Paulo afirmou aos coríntios que eles eram carnais e que deviam deixar de ser carnais e passar a ser espirituais. Há pelo

A vida mais profunda

menos três outros relacionamentos que todos deveriam ter com Jesus Cristo: volitivo, intelectual e emocional.

## O relacionamento volitivo

Nossa união com Cristo é judicial e vital. É judicial e vital pela virtude de nossa fé em Cristo, mas há também um relacionamento volitivo. O que quero dizer com isso? Estou falando de um relacionamento de nossa vontade com Deus, para que toda vontade conhecida de Deus seja minha. Tudo o que Deus deseja, eu devo desejar. Não devo apenas ter um relacionamento judicial e vital com ele, não devo ter apenas um relacionamento vital com ele na vida, mas também em minha mente, em minha vida volitiva devo estar unido a ele, fazendo, sabendo e desejando exatamente como ele. É o que quero dizer com "avancemos".

A maioria dos cristãos não avança porque não quer que a vontade de Deus seja sua vontade. Eles cantam com muita ternura aquela canção um tanto lúgubre e bela: "Doce vontade de Deus, envolve-me ainda mais". Gosto desse hino; não me entenda mal. Podemos cantar essa canção e ter os olhos úmidos e, ainda assim, ser egoístas e obstinados e não querer que a vontade de Deus seja a nossa vontade. A vontade de Deus deve ser conhecida e adotada como minha vontade. Então, começo a manter um relacionamento de vontade, um relacionamento volitivo com Jesus Cristo.

Como sei qual é a vontade de Deus? Ouvindo histórias contadas por pregadores? Eu sei qual é a vontade de Deus pela oração, pelo estudo bíblico e pela experiência. Pego a Bíblia e leio-a com regularidade. Oro e peço graça a Deus para ajudar-me a entendê-la.

75

## MATURIDADE ESPIRITUAL

O hino "Jesus, Pão da vida", diz:

Enquanto, ó Salvador, teu livro eu ler,
Meus olhos vem abrir, pois quero ver.
Da mera letra, além, o que, Senhor,
Nos revelaste em teu imenso amor.

À beira-mar, Jesus, partiste o pão,
Satisfazendo ali a multidão;
Da vida o Pão és tu: vem, pois, assim,
Nutrir-me até entrar no céu, enfim.[1]

Creio que o autor do hino sabia o que estava escrevendo. Devemos orar para que o Senhor nos dê o Espírito Santo como luz sobre as Escrituras. Se orarmos e tivermos o Espírito de Deus para nos iluminar, se lermos a Palavra de Deus com avidez e prazer, e se observarmos nossas experiências espirituais, começará a cristalizar dentro de nós uma vontade que é a vontade de Deus. Gostaria de saber se é isso o que Paulo quis dizer quando escreveu: "Nós, porém, temos a mente de Cristo" (1Coríntios 2.16b). Há um número infinito de atitudes e relacionamentos dentro da mente e do coração, e é errado começar com eles. Nem todos são corretos quando nos convertemos. Nem todos são corretos depois que frequentamos a escola bíblica. São corretos apenas quando trabalhamos neles. Pela oração, estudo, experiência espiritual e a iluminação do Espírito Santo, essas atitudes deixam de ser carnais e começam a ser espirituais. Começam a tornar-se corretas.

---

[1] Hino 141 do **Hinário evangélico**. Tradução de Henry Maxwell Wright. [N. do T.]

## O relacionamento intelectual

Há um segundo relacionamento que devemos procurar para avançar: o relacionamento intelectual com Jesus Cristo. Há, claro, uma sensação na qual o relacionamento volitivo e o intelectual surgem tão logo nos convertemos, mas há outra sensação na qual eles esperam para se desenvolver e crescer. Quando falo de relacionamento intelectual, quero dizer que devemos pensar como Jesus Cristo pensa, que devemos pensar biblicamente, que devemos ver as coisas do modo que Jesus as vê, que devemos aprender a sentir do modo que o Senhor Jesus sente sobre qualquer coisa ou qualquer pessoa, que devemos amar o que ele ama e odiar o que ele odeia.

Surge, então, a pergunta: Deus *odeia* alguma coisa? Claro que odeia. Ele diz que odeia.

> "Amas a justiça
> e odeias a iniquidade;
> por isso Deus, o teu Deus,
> escolheu-te dentre
> os teus companheiros,
> ungindo-te com óleo de alegria" (Hebreus 1.9).

Amar qualquer coisa sem odiar seu oposto é uma impossibilidade psicológica. Se amo a pureza, odeio o pecado. Se amo a verdade, odeio mentiras. Se amo a honestidade, odeio a desonestidade. Se amo a pureza, odeio a imundície. O ódio é apenas prejudicial quando é voltado para pessoas feitas à imagem de Deus ou quando surge de um motivo indigno ou vil como ciúme, inveja ou raiva. Devemos aprender a odiar o que Jesus odeia. Tenho certeza de que, se tivéssemos a mente de Cristo intelectualmente, para que julgássemos da

## MATURIDADE ESPIRITUAL

maneira que ele julga, haveria menos necessidade de pregar a separação do mundo do que há hoje entre os cristãos.

No início de minha vida cristã, li uma grande quantidade de livros dos autores ingleses Keats e Milton. Depois desisti de Keats; ainda o admiro muito pela música maravilhosa de sua poesia, mas não há nada de Deus nela, nada de Cristo. Para mim, deixaram de ser úteis. No caso de Milton, claro, está tudo bem. Penso que lerei textos de Milton no céu.

Há, porém, algo que os críticos disseram a respeito desses dois homens. Keats era inglês, de origem inglesa, criado na Inglaterra, e penso que nunca saiu da Inglaterra. Morreu quando tinha 20 e poucos anos de idade — um inglês de ingleses. Mas Keats havia lido tanta literatura grega que sua mente não era uma mente inglesa, não tinha absolutamente nada das restrições, forças e fraquezas da mente britânica. Sua mente era grega. Ele pensava como os gregos.

Milton era também inglês e de origem inglesa. Viveu na Inglaterra a vida inteira. Talvez tenha feito algumas viagens ao exterior, mas não muitas. Viveu e morreu na Inglaterra e ocupa o segundo lugar entre todos os grandes poetas ingleses. Milton leu a Bíblia e memorizou-a tanto e viveu tão de acordo com ela que era hebreu no coração. A mente de Milton era bíblica e fazia parte de tudo o que ele escrevia. Ele não podia concluir um soneto comum de 14 versos sem que, em algum lugar, houvesse a cadência e o ritmo das melodias hebraicas, do Antigo ou do Novo Testamento. Sei, claro, que o Novo Testamento foi escrito em grego, mas é hebraico em sua linha de pensamento.

Temos, portanto, duas mentes, ambas inglesas, vivendo no mesmo país, comendo o mesmo tipo de alimento, vendo a mesma cena e tendo o mesmo tipo de educação básica. No entanto, um deles tornou-se grego em tudo, menos na nacionalidade, porque amava muito a Grécia. O outro tornou-se hebreu, ou bíblico em vez de hebreu, porque amava muito a Bíblia.

É disso que estou falando. Você pode ter mente cristã, mente bíblica. Pode ser mentalmente bíblico no sentido de que, apesar de ser americano [ou brasileiro], tem a mente do Novo Testamento. Creio que é isso que o Espírito Santo deseja fazer por nós. Creio que ele deseja que nosso relacionamento intelectual com Jesus Cristo se torne tão próximo, tão íntimo, tão envolvente que passaremos a pensar como Jesus pensava, amar como ele amava, odiar o que ele odiava, valorizar o que ele valorizava e ter a mente de Cristo em nós.

Não nos tornamos assim pelo fato de crer em Jesus, comprar uma Bíblia Scofield[2] e cantar hinos. É preciso ir além disso, "rumo à perfeição". Todas essas coisas são basicamente sensatas, certas e boas; não tenho nenhuma objeção. Permaneça com sua Bíblia Scofield. É válida. Prestou-nos um serviço maravilhoso e de grande valor na primeira metade do século XX por ajudar-nos a combater o liberalismo e o modernismo, mas tem suas limitações. Essas limitações consistem em um excesso de ênfase ao relacionamento judicial com Jesus Cristo e pouca coisa sobre avançar para a maturidade. Mas é a mesma crítica que faço à maioria do evangelicalismo de hoje. Digo, portanto, que há um relacionamento volitivo e intelectual com Jesus Cristo que o cristão deve esforçar-se para cultivar.

---

[2] Bíblia de estudo amplamente divulgada, com exposições textuais do teólogo C. I. Scofield (1843-1921). [N. do T.]

## O relacionamento emocional

Em terceiro lugar, há o relacionamento emocional — o vínculo de amor a Cristo. Você ama o Senhor Jesus Cristo — *de verdade*? Ora, sei que cantamos que o amamos. Às vezes, cantamos coisas que não são muito verdadeiras. Você ama a Cristo de verdade?

Uma resposta meio cômica foi dada a Moody certa vez quando ele perguntou a um homem na rua:

— Você ama a Jesus?

O homem respondeu:

— Não tenho nada contra ele.

Penso que é o mais longe que as pessoas vão. Não temos nada contra Jesus, mas podemos dizer que o amamos?

Observe uma jovem mãe com um bebê de 3 meses de idade — ele pode estar chorando muito por causa de seu primeiro dentinho ou rindo quando olha para os pais — e pergunte a ela: "Você ama seu bebê?". Você sabe o que vai acontecer. Cada centímetro do rosto dela irromperá em um sorriso. Pergunte a um rapaz doente e fatigado, sentado dentro de uma trincheira em algum lugar do mundo, sentindo frio e fome, cansado e exausto da vida:

— Você ama seu país?

Ele não lhe dará nenhuma resposta cínica como fazem alguns de nossos atuais políticos. Penso que vai desmoronar e dizer:

— Ah, meu Deus, se eu pudesse voltar para casa.

Um missionário viveu na China durante muitos anos. Enquanto esteve lá, ele e a esposa tiveram filhos. Foram enviados de volta para casa e seguiram o caminho da Costa Oeste a San Francisco. Em cada porto que paravam, as crianças perguntavam:

— Esta é a América, papai? Esta é a América?

— Não — ele respondia. — Esta não é a América.

Depois de três ou quatro incidentes decepcionantes, o navio chegou ao porto de San Francisco, e eles avistaram a ponte Golden Gate, a praia e dois montes com o sol brilhando forte sobre seus picos. Em cada porto que o navio parava, as crianças perguntavam:

— Esta é a América, papai?

De repente, tomado por uma mistura de sentimentos de saudade, patriotismo, amor e lembranças, ele disse entre soluços:

— Sim, sim, crianças, esta é a América.

Ele não sabia quanto amava seu país. Seu coração americano só veio a saber que amava tanto suas rochas e riachos, seus bosques e templos no pico das colinas, depois de estar afastado por muito tempo de sua terra natal. A primeira visão de seu país emocionou-o a tal ponto que ele chorou como a criança que ele voltou a ser por um momento. Pergunte àquele homem: "Você ama a América?". Com um sorriso tímido, ele vai contar a história. Sim, ele ama a América.

Você ama a Jesus — *de verdade*? É possível ser cristão, isto é, ter fé no poder de Jesus, em sua obra, em seu sacrifício expiatório. É até possível ter uma relação vital com Jesus no novo nascimento e, ainda assim, não ter cultivado uma comunhão com ele na qual o amamos muito. Nosso vínculo de amor com Cristo só será completo quando for tão forte a ponto de queimar, brilhar e consumir.

Quando leio os textos dos antigos místicos, autores de devocionais e compositores de hinos da Idade Média e

MATURIDADE ESPIRITUAL

mais adiante, fico muito aborrecido e digo a Deus: "Deus, lamento muito; estou envergonhado e peço desculpas. Não te amo da maneira que essa gente te amou". Leia as cartas de Samuel Rutherford. Se ainda não leu, deveria ler. Leia essas cartas e veja quanto ficará aborrecido. Você vai fechar o livro, ajoelhar-se provavelmente e dizer: "Senhor Jesus, será que eu te amo considerando que isso era amor? Então, o que tenho, o que recebi?".

Deve haver um relacionamento emocional com Jesus Cristo, um relacionamento de amor. "Você abandonou o seu primeiro amor" (Apocalipse 2.4b), disse o Senhor Jesus, e talvez seja esse o seu significado. Você permitiu que o amor esfriasse como o jovem marido que ama realmente a esposa, mas está tão atarefado para sustentá-la que a negligencia. Eu me pergunto se estas palavras não teriam passado pela mente de Jesus: "Você está atarefado por minha causa, correndo de um lado para o outro para me servir, mas abandonou o seu primeiro amor".

Quem é, então, esse cristão, que segue em frente até manter com o nosso Senhor uma atitude correta, bíblica, volitiva, intelectual e emocional, inspirada pelo Espírito, em relação ao Salvador? É aquele que foi libertado de todos os tipos de amor e medo terrenos.

## Libertação dos amores terrenos

O que quero dizer com amor terreno? Quero dizer qualquer amor que esteja fora da vontade de Deus, qualquer amor que não permitiríamos que Deus nos tirasse. Se você tem qualquer coisa neste mundo ou qualquer pessoa neste mundo que não permitiria que Deus tirasse de você, então não o ama como deveria e não sabe nada a respeito da vida mais profunda por experiência própria. Porque vida cristã cheia do Espírito significa que sou liberto de todos os amores terrenos a ponto de não haver nenhum amor que eu não permitiria que Jesus Cristo tirasse de mim — dinheiro, reputação, meu lar, meus amigos, minha família ou seja mais o que for. O amor por Jesus Cristo penetrou, engoliu todos os outros amores e os purificou, tornou-os santos e colocou-os no relacionamento correto com o amor monopolizante de Deus, para que sejam secundários, nunca os principais.

Quero fazer-lhe uma pergunta: há alguma coisa ou alguém no mundo que você ama tanto a ponto de lutar com Deus se ele quisesse tirá-lo de você? Então, você não está onde deveria estar e poderia muito bem encarar o fato, sem fingir que é algo que não é. Liberdade completa significa que desejo somente a vontade de Deus. Se for da vontade de Deus que eu tenha essas coisas, então vou amá-las por amor a ele, mas com um amor temporário e relativo, não com um amor arrebatador que me transforme em escravo. Significa que não amo nada fora da vontade de Deus e que amo somente aquilo e quem ele deseja que eu ame. Então, podemos amar todas as pessoas.

Penso que Paulo amava Timóteo, Silas, Tito e os outros com um amor brilhante como uma fornalha. Mas não os amava a ponto de não conseguir separar-se deles ou de lutar com Deus por eles. Apenas os amava na margem do coração; amava a Deus no centro do coração; amava-os por amor a Deus. Isso é cristianismo.

Será, então, que você não deve amar seu bebê? Você deve amar a Deus de tal forma que ama seu bebê neste contexto correto. Será que você não deve amar o seu cônjuge?

MATURIDADE ESPIRITUAL

Você deve amá-lo. Mas deve amá-lo no contexto correto, no relacionamento correto.

Havia uma mulher muito inteligente, brilhante e escritora famosa. Ela se deitou ao lado de seu bebê que estava muito doente, tentando dormir um pouco e, ao mesmo tempo, cuidar dele e alimentá-lo. Sabia que aquela criaturinha estava com febre alta e sofrendo de verdade. Olhou para aquele rostinho com ar de sofrimento e, depois de ter feito tudo o que podia para aliviar suas dores, afastou-se um pouco para pensar no assunto.

"Quando me afastei", ela disse, "vi a tensão e a dor estampados no rosto e nos dois olhos do bebê e sabia que ele estava sofrendo. Virei-me e disse: 'Deus, não quero mais saber de ti. Deixaste meu bebê sofrer assim; não quero mais nada contigo! Não posso amar um Deus que permite que meu bebê sofra'".

Ela passou a ser racionalista e incrédula. Bom, era uma pobre criatura e não entendia nada. Se não mudou de ideia — e penso que não mudou —, ela sabe agora mais do que sabia antes, porque esse fato ocorreu um século atrás. O que aconteceu? Apenas isto. Ela amava seu bebê mais do que amava ao Deus que a criou. Se o Deus que a criou permitiu que o bebê tivesse febre, ela não queria mais saber dele. Esse tipo de amor não é amor. É egoísmo extremo. É a extensão da personalidade dela, a projeção da personalidade dela naquele bebê, e isso é puro e mero egoísmo.

Minha sogra teve um bebê que morreu, e ela passou pelo fogo, pela água e pelo sangue e por lágrimas e sofrimento, mas, no decorrer da dor, teve uma maravilhosa experiência espiritual. Precisou sentar-se na cama, fraca e exausta como estava, e ajudar a fazer o caixão do bebê. O marido fez um

84

caixão de madeira, e ela costurou um forro de tecido com o que conseguiu encontrar. No momento do enterro, ela permaneceu à beira da sepultura com as outras pessoas e, quando todos esperavam vê-la desmoronar, ela disse:

— Vamos cantar juntos?

Então, conduziu a doxologia. Algumas pessoas se afastaram, dizendo:

— A sra. Pfautz enlouqueceu.

Outras disseram com os olhos úmidos:

— Há uma fé e um amor que podem fazê-la entregar seu filho recém-nascido à sepultura e cantar: " 'Louvado seja Deus, de quem todas as bênçãos fluem', ao lado do túmulo".

Se você ama alguma coisa o suficiente para que o faça questionar se Deus deve tê-la ou não, você não sabe nada a respeito da vida mais profunda; é um escravo desse amor, seja ele o que for. Se fomos libertados de todos os tipos de amor terreno, então não temos nenhum anseio não satisfeito e não temos nenhum desejo e nenhum sonho. Nunca uso a palavra "quero", nunca! Abandonei-a anos atrás. Se ela aparece em meu discurso ou pregação, trata-se apenas de coloquialismo; nunca tenho a intenção de dizê-la. Se Deus quer que eu tenha algo, vou orar por isso. Se ele não quer que eu tenha, não vou querer.

## Libertação dos medos terrenos

O cristão que segue em frente se liberta dos medos terrenos. Essas duas correntes amarram toda a raça humana: amores e medos. Amamos algo e não o possuímos ou amamos algo e sentimos medo de perdê-lo. Ficamos, então, presos nessa corrente. Ou sentimos medo de ter algo que não queremos;

# MATURIDADE ESPIRITUAL

sentimos medo de perder algo que temos e ficamos presos nessa corrente. O medo e o amor amarram a humanidade em duas correntes de ouro.

O evangelho de Jesus Cristo não termina enquanto não nos libertar do amor e do medo. Amamos nossa família mais do que a amamos antes. Amamos nosso país com alegre devoção. Amamos todas as coisas boas que há no mundo, mas as amamos em seu contexto correto e as amamos por causa de Jesus. Então, nós as seguramos levemente, para soltá-las a qualquer minuto por causa do Senhor. Isso é estar liberto dos amores terrenos.

Liberdade dos medos terrenos significa que escolho a vontade de Deus hoje e para sempre; é meu tesouro, minha atitude inteira. O único medo que tenho é de estar fora da vontade de Deus. Fora da vontade de Deus, não há nada que eu queira, e na vontade de Deus não há nada que eu tema, porque Deus jurou manter-me dentro de sua vontade. Se estou fora da vontade dele, esse é outro assunto. Mas, se estou dentro de sua vontade, ele jurou proteger-me.

Deus é capaz de fazer isso, é sábio o suficiente para saber fazer isso e é bondoso o suficiente para querer fazer isso. Assim, realmente não há nada a temer.

Minha família e meus amigos brincam comigo a respeito desse assunto, mas penso que não tenho medo de nada. Alguém pode perguntar: "E quanto ao câncer? Você não tem medo de morrer de câncer?". Talvez sim, mas ele vai ter de se apressar, senão morrerei de velhice antes. Mas não estou muito preocupado porque o homem que morre de câncer pela vontade de Deus não é ferido; está morto. Você não pode ferir um homem que está dentro da vontade de Deus.

Sócrates, o pagão estoico, morreu dizendo: "Nenhum mal pode ser causado a um homem bom neste mundo nem no próximo". Se ele, um pagão, pôde dizer isso, por que devo tremer e andar com passos leves neste mundo, olhando furtivamente por cima do ombro? Ao contrário, pela graça de Deus devo dizer: "Senhor, eu creio pelo menos tanto quanto um pagão. Creio que nenhum mal pode ser causado a um homem bom neste mundo ou no próximo".

"Mas vou perder o emprego."

Bom, você vai perder o emprego; não vai perder sua cabeça.

"E se eu perder minha cabeça?"

Bom, se você perder sua cabeça, não vai perder seu Salvador. Nenhum mal pode ser causado a um homem bom. Portanto, o homem bom está livre do medo.

Sinto dó do pregador que tem medo de sua congregação ou dos superiores em sua denominação. Talvez eu seja um pouco anormal nesse sentido, mas nunca senti nenhum cisco de medo de meus superiores; e é raro eu ficar inibido diante de uma congregação. Se há alguém na congregação que seja um excelente pregador e, por comparação, sei que meu pobre e pequenino sermão vai parecer um sermão de amador, sinto-me um pouco inadequado. Mas nada lhe causará mal se você estiver dentro da vontade de Deus.

Se você permitir que o amor de Deus queime dentro de você até consumir tudo, nunca será escravo de algum anseio terreno — embora ainda o tenha em seu interior. Você vai ter anseios terrenos e amores terrenos e vai chorar por separar-se das pessoas que ama e cuida; Jesus chorou ao lado do túmulo de Lázaro, seu amigo amado. Não há problema em chorar quando temos de dizer adeus.

## MATURIDADE ESPIRITUAL

Nosso filho Wendell disse adeus ontem à noite porque vai voar por toda a América do Sul. Nevava na hora do voo; não gosto muito disso, mas ele estava animado. Tentou fingir que não se importava. Você pode ter seus sentimentos pessoais de amor, mas não é escravo deles. É patrão deles. Você pode não gostar de algumas coisas; eu corro mais de um quilômetro para não ter uma agulha espetada em meu braço.

Certa vez, quando eu estava doente, um cardiologista foi à minha casa — alguém o chamou, não sei quem. Ele subiu a escada até meu quarto e sentou-se na beira de minha cama. E, quando entrou, tinha na mão um tubo enorme com um longo cilindro dentro dele; e eu o vi. Irmão, tive um conflito verbal com o médico.

Ele disse:

— Vou aplicar isto em você, e você vai dormir e ficar bom. É apenas um sedativo.

Repliquei:

— Você não vai me aplicar essa coisa.

Ele disse:

— Se você vai fazer tanto barulho por causa desta coisa, provavelmente ficaria pior se a tomasse.

Ele se despediu e saiu, e eu melhorei.

Portanto, não digo que vida mais profunda — vida cheia do Espírito — significa que você não vai ser normal. Se um raio cair perto de você, você vai dar um salto. Se alguém se aproximar de você com uma agulha, você vai se encolher — você é humano. Mas isso é uma coisa; outra bem diferente é andar por aí acorrentado por medos humanos — acorrentado pelo medo da morte, medo da doença, medo da pobreza, medo dos amigos ou medo dos inimigos. Deus nunca deu a entender que seus filhos devem ter medo assim.

Tudo o que preguei para você agora não é um sonho. Não é um ideal nebuloso que ninguém é capaz de alcançar. É a vida do cristão normal. Qualquer coisa menor que isso é anormal ou subnormal. Será que não devemos obedecer a Deus e amadurecer? Que Deus conceda que, juntos, possamos avançar rumo às águas profundas "que eu não conseguia atravessar" (Ezequiel 47.5).

## CAPÍTULO 6

# União que traz avivamento

*Como é bom e agradável quando os irmãos convivem em união! É como óleo precioso derramado sobre a cabeça, que desce pela barba, a barba de Arão, até a gola das suas vestes. É como o orvalho do Hermom quando desce sobre os montes de Sião. Ali o* SENHOR *concede a bênção da vida para sempre.* (Salmos 133.1-3)

Aqui, pintado com o pincel de inspiração segurado por Davi, está um dos quadros mais encantadores de toda a Bíblia. É um quadro de irmãos (não somente de homens, mas de homens, mulheres e jovens) de mente unida, reunidos em união. Porque estavam assim reunidos e porque havia união, lemos a respeito de óleo, orvalho, vida e bênção. O óleo derramado, o orvalho, a bênção e a vida, tudo isso era de Deus. Portanto, é necessário haver uma mente unida entre as pessoas que desejam visitação espiritual.

O texto mostra, como o resto da Bíblia confirmará, que a união de mente da parte do povo de Deus precede a bênção. É comum eu ouvir pessoas orando assim: "Ó Senhor, envia o Espírito Santo para que sejamos um povo unido". Tudo bem, só que é exatamente o contrário. O Espírito Santo vem porque somos um povo unido; ele não vem para nos tornar um povo unido. Nossa oração deveria ser mais ou menos assim: "Senhor, ajuda-nos a ser unidos a fim de que a bênção possa fluir e proporcionar um derramamento de óleo, orvalho e vida". É dessa forma que devemos orar.

MATURIDADE ESPIRITUAL

Se você ler o livro de Atos, verá no capítulo 2 que

> Chegando o dia de Pentecoste, estavam todos reunidos num só lugar. De repente veio do céu um som, como de um vento muito forte, e encheu toda a casa na qual estavam assentados. E viram o que parecia línguas de fogo, que se separaram e pousaram sobre cada um deles. Todos ficaram cheios do Espírito Santo [...] (v. 1-4).

Alguns meses depois, eles oraram de novo:

> Depois de orarem, tremeu o lugar em que estavam reunidos; todos ficaram cheios do Espírito Santo e anunciavam corajosamente a palavra de Deus. Da multidão dos que creram, uma era a mente e um o coração. Ninguém considerava unicamente sua coisa alguma que possuísse, mas compartilhavam tudo o que tinham (4.31,32).

Supõe-se que eles eram assim desde o início. Não ficaram assim porque o lugar onde estavam reunidos tremeu. O lugar onde eles estavam reunidos tremeu, e todos ficaram cheios *porque eram assim desde o início*. O texto não diz que eles se *tornaram* um só coração. Diz: "Da multidão dos que creram, uma era a mente e um o coração. [...] Com grande poder os apóstolos continuavam a testemunhar da ressurreição do Senhor Jesus, e grandiosa graça estava sobre todos eles" (v. 32,33).

## A união traz avivamento

O texto ensina-nos que a união é necessária para o derramamento do Espírito de Deus. Se a eletricidade de sua casa for de 120 volts, mas houver um fio rompido, você pode ligar o interruptor e nada vai funcionar — as luzes não se acendem, o fogão não aquece, o rádio não liga. Por quê?

Porque o fio está rompido. O poder da eletricidade está pronto para realizar seu trabalho em todos os aparelhos de sua casa, mas, onde há um fio rompido, não há nenhum poder. A união é necessária entre os filhos de Deus se queremos conhecer o fluxo do poder.

Em Filipenses, Paulo diz:

> Se por estarmos em Cristo nós temos alguma motivação, alguma exortação de amor, alguma comunhão no Espírito, alguma profunda afeição e compaixão, completem a minha alegria, tendo o mesmo modo de pensar, o mesmo amor, um só espírito e uma só atitude. Nada façam por ambição egoísta ou por vaidade, mas humildemente considerem os outros superiores a vocês mesmos. Cada um cuide, não somente dos seus interesses, mas também dos interesses dos outros (2.1-4).

Os avivamentos, sejam grandes ou pequenos, têm sido principalmente este: alcançar uma uniformidade de mente entre um número de cristãos. Há muitas bênçãos isoladas nestes dias que carecem disso. Veja, avivamento é uma persistência do ânimo espiritual. Todos nós temos tempos de ânimo espiritual, e há tempos ocasionais nas igrejas em que um súbito ânimo espiritual surge entre o povo de Deus. Mas o avivamento é uma persistência desse ânimo entre as pessoas que se prolonga dia após dia e semana após semana.

A persistência capacita o Espírito Santo a fazer o que ele não poderia fazer se estivéssemos fragmentados. A igreja comum é mais ou menos assim: comparecemos no domingo, recebemos uma pequena bênção e a perdemos até a quarta-feira. Comparecemos na quarta-feira e recebemos outra pequena bênção, voltamos ao ponto culminante e a perdemos até o domingo e depois voltamos a outro ponto culminante. Trata-se de uma subida contínua ao ponto culminante, uma descida ao vale e uma volta ao ponto culminante. No entanto, é melhor ser dessa maneira do que não fazer nada. Mas é muito melhor permanecer em um patamar alto do que descer no meio da semana e comparecer a uma reunião de oração para voltar ao patamar alto. As reuniões de oração são necessárias, e você deve participar delas, mas não consertam seus fios rompidos. Devemos permanecer unidos; o ânimo e a espiritualidade devem persistir.

Tenho falado de unidade de mente e devo deixar claro o que quero dizer com isso para que você não me entenda mal. Não estou me referindo particularmente a posições doutrinárias idênticas. Provavelmente seria impossível chegar a tal ponto. Veja, a igreja protestante é semelhante a uma sociedade democrática, e creio que deva ser dessa maneira.

## Um exemplo extraído do governo

Hoje há dois tipos de governo no mundo. A sociedade democrática é um desses tipos. Em uma sociedade democrática, todos são livres para ter uma variedade de opiniões — e normalmente expressamos nossa opinião. Quando, porém, o dinheiro está escasso, quando a necessidade surge, permanecemos juntos. Em 1941, havia divisões nos Estados Unidos por toda parte; todo mundo estava atrás de todo mundo — e então os japoneses bombardearam Pearl Harbor. O ataque uniu o país da noite para o dia. As notícias do bombardeio uniram os americanos. Os democratas abraçaram os republicanos, e os republicanos abraçaram os democratas. Os republicanos e democratas abraçaram os que estavam no meio do caminho e se uniram até o término da guerra. Depois voltaram a bater neles.

O mesmo ocorre no mundo inteiro. Os conservadores canadenses brigam com os liberais canadenses. Ouço no rádio como eles brigam; você pensaria que são canalhas e que deviam estar presos, mas a intenção deles não é essa. Se alguém declarar guerra ao Canadá, eles se unirão em um segundo — todos, desde o policial de trânsito na esquina até o primeiro-ministro, se unirão. Creio que podemos ter diferenças de opinião e, ainda assim, estar unidos porque as diferenças de opinião são acidentais, mas a união é fundamental.

Há outro tipo de governo no mundo — o governo totalitário. Lá os cidadãos se unem por necessidade. Se você tem uma opinião, não se atreve sequer a sussurrá-la, senão é provável que alguém o denuncie à Gestapo. Assim, todos se unem. Quando há uma eleição, todos votam em Kruschev, porque é melhor votar em Kruschev que ir para a Sibéria e cavar nas minas de sal. Portanto, todos votam da mesma maneira. São unidos, mas somente por medo, intimidação e força bruta.

Na Igreja católica todos são unidos. Há pouco espaço para diferenças de opinião porque eles dizem em que você deve acreditar. Ou você acredita, ou não pode ser salvo. Quando algo se torna um dogma, ele é necessário para a salvação; ou você acredita, ou está fora.

Na maioria das igrejas protestantes, é exatamente o contrário. Há algumas grandes verdades básicas que defendemos e que acreditamos serem necessárias para a salvação, mas nos itens não essenciais exercitamos a tolerância.

## Um exemplo extraído da biologia

Conheço uma analogia um pouco grotesca e talvez até um tanto tola, mas pelo menos é esclarecedora. O que é necessário para nossa vida e o que todos nós devemos ter? Todos nós devemos ter um coração, e ele deve bater muitas vezes por minuto. Pode variar um pouco, mas me atrevo a dizer que não varia muito. Todos nós devemos ter pulmões para que nosso sangue seja purificado pelo oxigênio. Todos nós devemos ter cérebro e mente. Todos nós devemos ter uma coluna vertebral e sistema nervoso. Há alguns outros órgãos que todos nós devemos ter — os mais altos, os mais baixos, os mais velhos, os mais novos — todos nós devemos ter.

No entanto, há certas coisas que podem ser tiradas de nosso corpo e ele continuará a funcionar. A mão e a perna de um homem podem ser amputadas, e ele consegue viver sem elas pelo resto da vida. Há muitas coisas que podem ser tiradas de um homem e, ainda assim, ele continua a ser um homem, continua a pensar, a falar e a fazer qualquer coisa que fazia antes. Contudo, há outras que não lhe podem ser tiradas. Se você as tirar, ele morre. Tire o coração de um homem, e ele morre. Tire seus pulmões, e ele se vai. Se o sangue for tirado de seu corpo, ele expira. Se os rins pararem de funcionar, em questão de horas ele será conduzido ao necrotério.

Na igreja de Cristo, há os grandes órgãos da verdade, os grandes órgãos que devem funcionar, ou então a igreja não existe.

> Creio em Deus Pai, Todo-poderoso, Criador do céu e da terra, e de todas as coisas visíveis e invisíveis. E no Senhor Jesus Cristo, o Filho unigênito de Deus, nascido de seu Pai antes de todos os mundos, Deus de Deus, Luz da Luz, Deus verdadeiro do Deus verdadeiro, gerado, não feito, [...] que por nós homens e por nossa salvação, desceu do céu, nasceu da virgem Maria pelo Espírito Santo. [...] Sofreu e foi sepultado; e ressurgiu ao terceiro dia de acordo com as Escrituras,

subiu ao céu e está sentado à direita de Deus Pai. [...] E creio no Espírito Santo, o Senhor e Doador da vida, [...] que com o Pai e o Filho é adorado e glorificado [...].

Esses são os grandes órgãos da verdade. Cremos neles. Cremos na justiça. Cremos na ressurreição dos mortos. Cremos na volta de Cristo. Cremos no sangue do Cordeiro. Cremos no poder redentor desse sangue. Cremos no senhorio de Jesus. Cremos na Trindade. Cremos no pecado do homem. Cremos no perdão de Deus.

Esses são os grandes órgãos da verdade. Se forem tirados da igreja, não haverá igreja; haverá somente uma organização religiosa. Se forem colocados na igreja e se deixarmos que funcionem, teremos uma igreja verdadeira.

Por esse motivo, acredito que há lugar na comunhão dos filhos de Deus para pessoas que possuem pontos de vista diferentes sobre coisas que não são importantes. Da mesma forma, há lugar para o homem ruivo na igreja. Há lugar para o homem calvo na igreja. Há lugar para o homem de baixa estatura na igreja. Há lugar para o homem alto e elegante na igreja. Há lugar para a mulher bonita na igreja, bem como para uma pessoa simples. Não dizemos: "Você tem de ser ruivo, ou não poderá fazer parte desta igreja", ou "Você tem de se chamar Maria, ou não poderá fazer parte desta igreja". Não dizemos: "Aqui todos têm de se chamar João".

Dizemos: "Há algumas grandes verdades fundamentais e nos unimos a elas". Você pode ser baixo ou alto, ruivo, de cabelo preto ou sem cabelo. Pode ser da forma que Deus o fez. Essa é a democracia cristã em seu mais alto grau. Amar uns aos outros e ser um.

## O que a união não é

O que quero dizer com união que traz avivamento? Primeiro, vou dizer o que não quero dizer. Não me refiro à união por medo. Nos círculos fundamentais da geração passada, tínhamos uma hierarquia tão poderosa e tão rígida quanto a hierarquia que controla a Igreja católica romana. Eles nunca tiveram eleições, claro; apenas indicavam nomes deles próprios. Se você dissesse qualquer coisa em desacordo com os comentários da Bíblia Scofield, era posto para fora, atirado do outro lado da calçada.

Todos tinham de acreditar exatamente na mesma coisa a respeito de tudo, inclusive na segunda vinda, no anticristo e em todo o resto. Todos tinham de acreditar exatamente no que todos os outros acreditavam. Cresci nesse tipo de ambiente e fui um dos primeiros a me rebelar contra ele e lutar com ele.

A união de que estou falando a respeito daquela época não é a união de uma igreja totalitária na qual alguém no púlpito lhe diz em que acreditar, e você continua sentado e dizendo: "Sim, senhor. Sim, senhor. Sim, senhor". Se eu pregar algo que você não encontra na Bíblia, não quero que acredite no que eu disse. Quero que você chegue até mim e diga: "Irmão, gostei de seu sermão, mas não concordo com o que você disse". Temos o Livro aqui, e esse Livro comprova se estamos certos ou errados.

Também não me refiro à união por passividade e concessão. Para permanecer unidas, algumas igrejas estabelecem a união por passividade. Ninguém se importa muito, por isso eles apenas fazem concessões. É uma bela união de mortos. Suponho que não haja nada mais unido que um cemitério. Todos ali, não importa se foram democratas, republicanos, conservadores ou patriotas durante a vida, todos convivem pacificamente porque estão mortos.

Quando você vai a uma igreja cujo pastor tem medo de magoar alguém que possui uma polpuda conta bancária, que toma o cuidado de não dizer nada e não assume nenhuma posição, todos se reúnem ao seu redor. Ele está morto e reúne um grande número de mortos ao seu redor, e todos chamam aquilo de igreja. Não é uma igreja de jeito nenhum; é simplesmente um aglomerado de mortos, com medo de emitir uma opinião. É a bela tolerância dos mortos.

## O que a união é

Ora, o que quero dizer? É assim que Deus aviva uma igreja, e ele só faz isso de uma forma: deve haver entre nós uma unidade de determinação para glorificar apenas o Senhor. O Senhor não quer saber se você é arminiano ou calvinista, mas vai perguntar: "Você está determinado a glorificar apenas a mim?".

Para haver essa união, todo o povo de Deus vai ter de se unir em torno disso. Temos de estar determinados para glorificar o Senhor e não procurar honras para nós. Tento orar com frequência: "Ó Deus, abençoa esta cidade hoje. Se quiseres abençoar outro lugar que não seja por meu intermédio, abençoa esse lugar. Mas abençoa, Senhor. Glorifica a ti mesmo". Não quero que Deus vincule sua bênção a mim. Quero que Deus abençoe qualquer homem que cumpra as ordens dele em qualquer lugar. Seja qual for a igreja, seja qual for o lugar, quero que Deus vá ao encontro de seu povo onde quer que eles cumpram suas ordens.

Quero estar incluído na bênção e que a igreja esteja incluída nela, mas quero que Deus entenda que minha súplica

## MATURIDADE ESPIRITUAL

não é egoísta: "Senhor, abençoa-me e abençoa meu povo". Quero que Deus abençoe e honre as pessoas que se dedicam à glorificação do Deus trino, onde quer que seja, cada um feliz por Deus usar outra pessoa se assim ele o desejar, e que nenhum homem busque proveito para si mesmo, mas para os outros. Precisamos, antes de tudo, estar unidos em nossa determinação de glorificar apenas o Senhor.

Segundo, temos de estar unidos em absorver os feitos do Senhor. A persistência do anseio espiritual é muitas vezes destruída por interesses paralelos. Deus quer que seu povo fale de Cristo, pense em Cristo, sonhe com Cristo, ame sua Palavra e seus caminhos e seja tão dedicado a ele que, quando estão juntos, a conversa normalmente gire em torno disso. Creio que Deus só continuará a abençoar ou a enviar qualquer coisa, como um avivamento vivificante a uma igreja, quando estivermos absorvidos nisso. Para conseguir que qualquer coisa seja feita, temos de estar absorvidos nela.

Ninguém nunca fez nada quando fez apenas pela metade. Os homens que fizeram coisas grandiosas sempre foram dedicados. Para criar a lâmpada elétrica e o fonógrafo, Edison dormia apenas quatro ou cinco horas por noite e trabalhava constantemente. Para compor grandiosas partituras musicais, os homens trabalhavam a noite inteira. Tchaikovsky ficava acordado horas e horas; enquanto os outros dormiam, ele trabalhava. Minha opinião sobre a música de Tchaikovsky é tão boa que me pergunto por que ele não tirava ao menos um cochilo. De qualquer forma, o que estou dizendo é que, para deixar a música pronta, ele tinha de ficar acordado. Byron, um dos famosos poetas ingleses, disse: "Fecho-me em meu quarto e trabalho até dezoito horas sem parar, nem mesmo para sair e tomar uma xícara de chá". Estamos falando de um inglês. Portanto, é necessário ter interesse naquilo que fazemos.

Os atletas profissionais — de hóquei, beisebol, futebol — são dedicados ao esporte que praticam e entregam-se completamente a ele. Certa vez, conversei com um jovem que me convenceu de que algumas pessoas se dedicam a touradas. Gostaria de saber por quê. O que neste mundo pode persuadir um homem — uma criatura feita à imagem de Deus, com habilidades para fazer maravilhas, realizar proezas e deixar seu nome como exemplo para as gerações seguintes — a dedicar sua vida para lutar com um touro? E nós, cristãos, somos chamados para ser dedicados!

Ouvi recentemente as palavras de um grande líder cristão que deu a volta ao mundo várias vezes. Ele disse: "Descobri que a única religião no mundo que as pessoas não levam a sério é o cristianismo. Os budistas levam sua religião a sério. Os maometanos levam sua religião a sério". Mas os cristãos não levam sua religião muito a sério. Temos a verdade que pode salvar o mundo, e somos aqueles que brincam como crianças na praça (v. Lucas 7.32). Temos de absorver os feitos do Senhor.

Terceiro, temos de ser um na determinação de ver as maravilhas de Deus. Lembre-se: você tem de Deus quanto quiser. A igreja tem as bênçãos que quiser, não mais.

> "Bem-aventurados os que têm
> fome e sede de justiça,
> pois serão satisfeitos" (Mateus 5.6).

Assim diz a poderosa Palavra de Deus, e ela não pode ser violada. Se você tem sede, receberá água até não ter

MATURIDADE ESPIRITUAL

mais sede. Se tem fome, será alimentado até não ter mais fome. Dessa forma, se a igreja for uma congregação de homens, mulheres e jovens, temos de Deus aquilo que queremos. Precisamos ser unidos na determinação de ver Deus realizar suas maravilhas. Eu gostaria de ver Deus começar a fazer coisas maravilhosas para seu povo repentinamente. Não sou um evangelista divino e curandeiro, mas gostaria de ver Deus colocar sua mão sobre alguns doentes e restaurar-lhes a saúde. Gostaria de ver Deus fazer aquilo que não é feito nas igrejas comuns.

Deve haver uma união de oração para o derramamento de Deus. Orar é o método de Deus para obtermos coisas neste mundo. Jesus disse: "Tudo é possível àquele que crê" (Marcos 9.23b) e disse também: "Todas as coisas são possíveis para Deus" (10.27b). A oração une Deus ao homem que ora como se fossem um e diz que Deus é onipotente e que o homem que ora é onipotente (naquele momento), porque está em contato com a onipotência.

Vejo muita humildade incrédula e autocensura constante — apologética, tímida e medrosa. Falta-nos ousadia. "Assim, aproximemo-nos do trono da graça com toda a confiança, a fim de recebermos misericórdia e encontrarmos graça que nos ajude no momento da necessidade" (Hebreus 4.16). Vamos nos aproximar com toda a confiança. Não devemos ser humildes? Claro que sim. Mas nenhum homem deve ser tão humilde a ponto de não pedir, ou então estamos brincando nas mãos do Diabo. Devemos ser humildes; mas devemos ser ousados para pedir, buscar e bater.

Deve haver expectativa. Temos de ser claros em nossas orações. Eu disse antes e repito: uma das maiores armadilhas

102

na oração é orar vagamente. Era comum eu atirar com um rifle no estado da Pensilvânia. Ainda gosto de atirar quando saio com essa disposição. Gostava de usar uma arma grande de 8 milímetros ou 30-30, por causa de seu estrondo e da fumaça que provocava; eu quase caía no chão e me sentia grande. Mas, quando eu atirava em alguma coisa, meu rosto enrubescia porque quase sempre errava o alvo.

Quando ora vagamente, o homem faz um grande barulho, e os outros dizem: "Ah, ele é um homem de oração". Mas sobre o que ele está orando? Deus ouviu sua oração, ou o homem está apenas atirando em uma nuvem? Como você sabe se ele acertou ou não? Ele está atirando na lateral do celeiro. Talvez acerte e talvez faça um furo na parede. Atire em um alvo definido e, se errar, diga: "Não acertei. Sinto muito". Se eu orar pedindo algo e Deus não me conceder, não é nenhuma honra para Deus o fato de eu acreditar que recebi o que pedi.

Você deseja ser cheio do Espírito Santo e diz: "Tudo bem, aceito". É o que você pensa. Você deve estar disposto a permitir que Deus o prove e saber se ele respondeu ou não à sua oração. É preciso esperar.

Necessitamos também de união para que o Senhor esteja em nosso meio. Estou falando da fusão de nossa mente a fim de formar um caminho para o Senhor, ou seja, muitas mentes formando uma bela estrada de mosaico para a carruagem de Deus. Significa ser um só em nossa resolução de abandonar as coisas proibidas.

Os padrões morais são relativamente baixos nos círculos evangélicos modernos, lamento dizer. Sorrimos e encolhemos os ombros diante daquilo que antigamente horrorizava as pessoas. Jamais teremos um avivamento se não nos unirmos para abandonar as coisas proibidas — diferenças públicas e privadas e pecados pessoais. Se há diferenças públicas, elas devem ser corrigidas publicamente. Se são diferenças privadas, devem ser corrigidas em particular. Mas temos de ser um só. Não um só, repito, como no cemitério porque temos medo de pensar, mas um só nessas determinações para glorificar o Senhor em nosso meio.

O salmo 133 diz que nossa convivência em agradável união é como óleo precioso derramado sobre a cabeça de Arão que desce por sua barba até a gola das suas vestes. Deus derramou o Espírito Santo sobre Jesus Cristo. Não o batizou com o Espírito Santo; ele o ungiu. Há uma diferença. Jesus nunca foi batizado com o Espírito Santo; foi ungido com o Espírito Santo. Quando ele foi ungido, o óleo foi derramado em grande profusão sobre sua cabeça e desceu límpido por seu corpo inteiro.

Assim como o óleo desceu pelo corpo de Arão, escorreu por suas roupas, para que ele exalasse o aroma do óleo derramado sobre sua cabeça, assim a convivência em união entre o povo de Deus traz a bênção do óleo, uma unção que desce sobre nós. É a mesma unção que foi derramada na cabeça de Jesus, até mesmo o Espírito Santo, que desce por aquele Corpo do qual ele é a cabeça, e o óleo que desceu de sua cabeça pode correr por todo o seu Corpo, formado por você e eu, e podemos manter uma continuidade indestrutível de vida proveniente do rio Jordão. A vida do Espírito Santo desceu sobre a cabeça de Jesus e agora desce sobre você e eu e sobre todo o povo de Deus que convive em união.

Somos assim para que Deus possa nos abençoar? Temos essa unidade de determinação para glorificar somente ao

Senhor, uma unidade de absorção nos feitos de Deus, de determinação para ver a obra do Senhor, de união na atual expectativa, de submissão ao Senhor e de resolução para afastar todos os obstáculos diante de nós? Se temos, somos um povo unido e podemos esperar que a qualquer momento o óleo derramado sobre a cabeça de Jesus desça sobre nós e traga óleo, bênção e vida para sempre.

## CAPÍTULO 7

# Cinco regras para ter uma vida santa

*Tratem a todos com o devido respeito: amem os irmãos, temam a Deus e honrem o rei.* (1Pedro 2.17)

Não sei se você vive de acordo com os princípios e regras ou não, mas tenho essa tendência. Não gosto de viver "de improviso" ou "tocar de ouvido" o tempo todo. Gosto de ter um quadro real diante de mim antes de saber aonde estou indo.

Quando passamos a viver neste mundo complexo — o único no qual esperamos viver antes de viver no magnífico mundo de Deus lá no alto —, devíamos ter conhecimento de alguns princípios importantes. Um princípio importante muda nossa vida inteira; é um prego em um lugar seguro, algo no qual se construir em cima, algo para guiar, um sinal para orientar.

Apresento, portanto, cinco princípios para viver. Se você os adotar e os puser em prática, verá que eles estabilizarão sua vida e farão você florescer, desabrochar e progredir.

## Venerar todas as coisas

O primeiro princípio é *venerar todas as coisas*. Deus fez o mundo; o mundo é belo e algo para ser venerado. Foi uma grande perda — uma trágica perda — aquela que sofremos na última geração. Perdemos a capacidade de nos maravilhar. Conhecemos muito o que é eterno e estamos muito seguros

MATURIDADE ESPIRITUAL

de nós mesmos. Mas Davi parou e maravilhou-se na presença da criação de Deus. Ergueu os olhos e disse: "[...] Que é o homem, para que com ele te importes? [...]" (Salmos 8.4). Isaías, Jeremias, Ezequiel e todos os outros profetas pararam e maravilharam-se na presença da criação do Deus todo-poderoso.

O Antigo Testamento é uma rapsódia da criação natural. Você já notou isso no salmo 104? O salmista começa louvando a Deus, depois passa a falar de Deus, dizendo que ele estende as águas, faz das nuvens a sua carruagem e cavalga nas águas do vento. Os pássaros, os montes, os bodes selvagens, os penhascos, os coelhos, a lua e as estações do ano, o sol e as trevas, os animais da floresta, a noite e o amanhecer, a terra e o vasto mar — o homem de Deus fala de tudo isso em uma rapsódia maravilhosa de deleite com a criação.

Tudo é um esplêndido milagre. Não é apenas um milagre no qual Cristo transformou a água em vinho; é também um milagre quando o sol nasce com seus raios terapêuticos, leva embora a neblina, faz nascer o broto, convida o sapo para coaxar na grama, o peixe para nadar e o pássaro para piar e cantar ao ar livre. Toda a criação feita por Deus é um milagre maravilhoso. Se ao menos soubéssemos disso, descobriríamos que vivemos em um mundo que não é uma terra de ninguém, isolada e perdida; é a porta dos fundos do céu. Se prestarmos atenção, ouviremos anjos cantando.

As pegadas de Deus estão ao nosso redor, por toda parte. Embora não possamos vê-lo, podemos ver seu rastro luminoso como um pássaro que canta escondido na árvore. Middleton [1580-1627] disse: "O pássaro canta no escuro". Não consigo ver o pássaro, mas posso ouvir seu canto. Deus canta entre os galhos que ele criou e canta em seu Universo. Você e eu não podemos olhar para ele, porque nenhum homem pode ver Deus e continuar vivo. Podemos, porém, ouvi-lo cantar sua música da criação e redenção. Podemos sentir sua respiração forte enquanto caminhamos por este mundo. Só veremos as coisas corretamente quando as virmos como trajes de Deus.

Um velho inglês escreveu certa vez: "Você só vai apreciar o mundo corretamente quando acordar todas as manhãs no céu e se ver no palácio de seu Pai e contemplar os céus, a terra e as alegrias celestiais, tendo uma estima tão reverente por todos como se estivesse entre os anjos. A noiva de um monarca nos aposentos do marido não sente tanto deleite quanto você".

Você vive em um mundo feito por Deus. Deve lembrar, portanto, que este mundo onde vivemos é uma treliça através da qual, se olharmos cuidadosamente, poderemos ver ao menos indistintamente os trajes de Deus quando ele passa. Devemos aprender a viver assim. Passamos a ser secularizados; permitimos que os comerciantes e os cientistas nos puxem para baixo e nos tornem seculares e apegados ao mundo. Todos nós devemos ser poetas; todos nós devemos ser músicos. Não sei tocar nenhum instrumento, porém sou músico. Nunca escrevi muita poesia, porém sou poeta. Assim você é e todos nós somos quando podemos ver o Deus todo-poderoso no mundo que ele criou e ouvir a voz de Deus chamando. Saímos pelo mundo e não vemos nada, a não ser Deus.

William Blake, o famoso poeta inglês, estava de manhãzinha na praia olhando para o leste através das águas enquanto o sol nascia. Um homem aproximou-se dele; o sol começou a nascer, colorindo o céu oriental; as pequenas

MATURIDADE ESPIRITUAL

ondas tornaram-se coloridas e começaram a fragmentar-se em milhares de pedacinhos brilhantes. Blake virou-se e perguntou ao homem a seu lado:

— O que você vê?

O homem era um comerciante de Londres e respondeu:

— Para mim, parece uma peça de ouro. Vejo um soberano. O que você vê?

Blake disse:

— Vejo a glória de Deus e ouço uma multidão de exércitos celestiais dizendo em alta voz: "Santo, santo, santo, Senhor, Deus todo-poderoso".

Aí está a sua diferença, meu irmão. Aí está o mundo diferente no qual você vive — ou você vive em um mundo no qual vê peças de ouro no céu e no sol, ou vê a glória de Deus e ouve a voz do serafim proclamando:

> "Santo, santo, santo
> é o Senhor dos Exércitos,
> a terra inteira está cheia da sua glória" (Isaías 6.3).

Venere todas as coisas.

Devemos aprender a viver assim. Não devemos permitir que comerciantes, cientistas e homens do mundo nos puxem para baixo. Se você é comerciante, não fique bravo. Eu preciso dos comerciantes; compro e vendo. Às vezes, vendo meus livros, por isso sou também comerciante. Não fique bravo comigo. Lembre-se apenas de que a mentalidade do livro-razão, a mentalidade da ficha de arquivo, não é o que Deus procura. Deus procura homens que possam livrar-se de cofres, depósitos de mercadorias, carteiras e porcentagens e ver Deus no belo mundo que ele criou. Venere todas as coisas.

## Tratar todos com respeito

O próximo princípio é *tratar todos com respeito*. Por que devo tratar todos com respeito? Porque foram feitos à imagem de Deus. Embora caídos, desfigurados, feios e perdidos, a fé conhece o verdadeiro valor deles. A fé sabe que todo homem — qualquer homem em qualquer lugar — tem aptidões e capacidade para ser cristão. Todo homem — até aqueles cuja mente está cheia de impurezas e cujo coração imagina maldades e planeja ações sinistras enquanto esperam o sono chegar — tem dentro de si a capacidade de realizar atos poderosos para Deus e capacidade de conhecer Deus.

De vez em quando, os colecionadores de arte encontram uma obra-prima e contratam pessoas que sabem restaurá-las. Ali está uma antiga rachadura insignificante, enfumaçada e com aparência terrível; ninguém é capaz de ver nada, a não ser aqueles homens perspicazes e de olhos aguçados. Esses especialistas sabem que é uma obra de Da Vinci ou de Rubens e a restauram. Conhecem todos os elementos químicos que vão usar para eliminar a sujeira sem prejudicar a pintura. Muito em breve, brilhando diante deles estará uma antiga obra-prima, tão bela quanto no dia em que foi criada.

O mundo olha para um homem e diz: "Ele não serve para nada". Ou olhamos para a cor de pele uns dos outros e dizemos: "Ele é negro; ele tem a pele amarela; ele tem a pele vermelha, ele é um branco imprestável". Esquecemo-nos de que "de um só [Deus] fez [...] todos os povos, para que povoassem a terra" (Atos 17.26). Não estamos olhando para um homem de pele negra, branca, vermelha ou amarela; estamos olhando para um homem feito à imagem de Deus que, por acaso, tem um pouco mais ou um pouco menos de pigmentação em sua pele.

MATURIDADE ESPIRITUAL

Ele é igual a qualquer homem que vive neste mundo, não importa a cor de sua pele. Você sabe o que disseram sobre a dama do coronel em "Judy O'Grady"?[1] Por baixo da pele, somos irmãs. Você não precisa dar uma picada muito profunda para encontrar a dama do coronel sob a pele de uma criada — a mesma mulher. Temos fé no homem porque sabemos que ele foi feito à imagem de Deus.

É por isso que ando por aí com uma espécie de sorriso no coração quando ouço todos esses sujeitos assustados dizendo que vamos ser explodidos da terra. Dizem que todos nós vamos virar pó e não haverá ninguém para enterrar a poeira atômica. Não acredito nisso nem por um segundo. Não acho que se encontra no Livro; não acho que o homem feito à imagem de Deus vai destruir o homem. Acho que poderá destruir muitos homens — explodir cidades é um esporte moderno ao ar livre nestes últimos dias terríveis. Mas a raça humana vai continuar porque Deus nos criou, e devemos tratar todos com respeito — tratá-los com respeito pelo que eles podem ser.

Havia uma mulher chamada Bluebird [Pássaro Azul], que morava em Mulberry Bend, na Rua Bowery, em Nova York, uma geração atrás. Era uma mulher cuja vida foi entregue ao Diabo. Ela usava drogas, bebia, fumava. Vivia da maneira que Paulo diz que não devemos sequer mencionar. Era uma mulher indigna e má e estava presa. Uma senhora do Exército de Salvação foi visitá-la. Ficou do lado de fora das grades e disse-lhe que a amava e continuou dizendo que a amava.

---

[1] WILLIAMS, Noel T. St. John. **Judy O'Grady and the Colonel's Lady**. Obra que reflete o racismo e o sexismo de um poderoso país imperial, como foi a Grã-Bretanha em tempos passados. [N. do T.]

Bluebird amaldiçoou-a e expulsou-a de lá, mas a mulher voltou e disse de novo que a amava. Bluebird amaldiçoou-a um pouco mais e expulsou-a novamente. Mas a mulher não desistiu. Aquela mulher pequenina que usava um chapéu engraçado com uma faixa vermelha ao redor dele voltou várias vezes.

Finalmente, um dia Bluebird disse:

— Você diz que Deus me ama. Você não me ama.

A senhora disse:

— Eu amo você.

Bluebird replicou:

— Você não me ama. Está apenas fazendo seu trabalho. É paga para fazer isso. Você é uma favelada. Se me amasse, me daria um beijo.

Ela estava suja e com o cabelo desgrenhado.

A mulher pequenina do Exército de Salvação aproximou-se das grades, enfiou o rosto entre elas o mais que pôde, agarrou Bluebird, puxou seu rosto sujo para mais perto dela e deu-lhe um beijo na boca. Bluebird caiu ao chão soluçando, amontoada sobre o piso de pedra da prisão, e chorou por sua vida inteira — chorou por sua meninice, por sua inocência e pureza quando foi à escola dominical e aprendeu que "Deus é amor".

Ali naquela sujeira, soluçando no chão, ela entregou o coração a Deus. Foi perdoada e saiu da prisão pouco tempo depois. Ingressou imediatamente em um grupo cristão, que imagino ser o Exército de Salvação, e viveu apenas três meses após sua conversão. Mas seu testemunho! Foi a todos os bares, a todos os antros de pecado e casas de recuperação onde esteve internada e contou o que Deus fizera por ela. Quando ela morreu, disseram que havia tanta gente acompanhando o féretro que a polícia teve problema para coordenar.

MATURIDADE ESPIRITUAL

Antes, ela vivia nas ruas sujas de Mulberry Bend, mas agora era uma santa verdadeira.

Trate todos com respeito — não pelo que são, mas pelo que podem ser por meio do sangue do Cordeiro e da renovação do Espírito Santo.

Hoje há filosofias ateias entre nós dizendo que somos apenas animais. Dessas filosofias surgiram os estados totalitários — nazismo, comunismo, fascismo e coisas parecidas. Mas o cristão respeita a vida humana porque, como aquele pobre quadro sujo de Da Vinci ou Rubens, a vida humana tem em si os indícios e traços da imortalidade. Quando o Deus todo-poderoso, mediante seu Filho, Jesus Cristo, pegar essa obra-prima maltratada e a restaurar, você verá a face de Jesus Cristo brilhando nela novamente. Porque Cristo se fez homem e andou entre nós.

## Amar os irmãos

O próximo princípio é *amar os irmãos*. São os irmãos de almas redimidas, claro, identificados por uma vida mais elevada que uma vida na carne.

Você e eu vivemos em dois planos — o natural e o espiritual. Somos fraternos por natureza. Ao meio-dia de sábado, ouvi o que chamo sarcasticamente de "coroação" [a posse de John F. Kennedy]. Confesso que tive dificuldade de conter as lágrimas. Minha carne é americana.

Há, porém, algo mais grandioso, mais alto e mais nobre que isso — a fraternidade no Espírito. Vejo entre os cristãos de todos os países uma proximidade, um calor que não sinto sequer por meus companheiros americanos —, a não ser, claro, que sejam cristãos. A pessoa que se senta ao seu lado no banco pode ser um estranho que somente entrou na igreja "como visitante", conforme dizemos. Mas, se ela for cristã, está mais perto de você que seu irmão não salvo, mais perto de você que seu pai não salvo, mais perto que qualquer outro parente seu que não aceitou a salvação. Tenho parentes que aceitaram a salvação e vivem muito próximos a mim, claro. Tenho parentes que não aceitaram a salvação. A estes tenho muito pouco a dizer depois de meia hora de conversa sobre os velhos amigos e os velhos tempos na fazenda na Pensilvânia. Mas nunca fico sem ter o que dizer aos filhos de Deus. Nunca! Os filhos de Deus têm a eternidade para falar dessas coisas.

> Depois, aqueles que temiam o Senhor conversaram uns com os outros, e o Senhor os ouviu com atenção. Foi escrito um livro como memorial na sua presença acerca dos que temiam o Senhor e honravam o seu nome. "No dia em que eu agir", diz o Senhor dos Exércitos, "eles serão o meu tesouro pessoal. Eu terei compaixão deles como um pai tem compaixão do filho que lhe obedece" (Malaquias 3.16,17).

A fraternidade entre os santos é uma doce e maravilhosa fraternidade. Eles podem me excluir, mas, se forem cristãos, eu os aceito. O que diz aquele pequeno poema?

> Ele traçou um círculo que me excluiu;
> Eu, uma criatura herege, rebelde e vil.
> Mas o Amor e eu com sabedoria vencemos;
> Traçamos um círculo e o acolhemos.
> (Edwin Markham)

Lembro-me de uma vez em Chicago que ficamos sem espaço para a escola dominical. Havia uma igreja luterana do outro lado da rua, e alugamos o espaço deles para a

MATURIDADE ESPIRITUAL

escola dominical. Com o tempo, o espaço ficou pequeno, e perguntamos a eles se poderíamos alugar o salão no pavimento superior da igreja — o auditório, como chamamos. Eles se reuniram e nos deram a resposta: "Lamentamos muito, mas não podemos permitir a presença de não luteranos no santuário".

Aceitamos com um sorriso desconcertado e permanecemos fora do santuário. Mas eles não me enganam. Se são cristãos verdadeiros, sou acolhido; não podem me manter fora. Seu conselho ou assembleia (não sei como o chamam) vota para nos manter fora, mas eles não podem votar para nos manter fora; ninguém pode. De vez em quando, visito grandes catedrais aqui e ali, e sempre há um pequeno lugar santo com um aviso: "Os visitantes devem permanecer fora das cordas". Não há, porém, nenhum lugar santo no qual eu não possa entrar, porque a Escritura diz:

> Portanto, visto que temos um grande sumo sacerdote que adentrou os céus, Jesus, o Filho de Deus, apeguemo-nos com toda a firmeza à fé que professamos [...]. Assim, aproximemo-nos do trono da graça com toda a confiança, a fim de recebermos misericórdia e encontrarmos graça que nos ajude no momento da necessidade (Hebreus 4.14,16).

Assim, posso entrar no trono da graça, e não há lugar mais santo que esse.

Qualquer cristão é meu irmão, embora possa olhar para mim com desprezo e considerar que não sou cristão. Se ele é cristão e eu sou cristão, um dia vou segurar sua mão na glória e dizer: "Eu lhe falei. Eu lhe falei. Eu consegui pelo sangue do Cordeiro. Consegui!".

Lembro-me de que na Virgínia Ocidental, onde exerci meu primeiro pastorado, havia um senhor idoso e muito consagrado chamado irmão Breakiron[2]. É um nome terrível para um homem tão gentil e amoroso como ele era — um dos homens mais bondosos, mais piedosos que conheci na vida. Seu rosto brilhava como o sol da manhã, recém-polido. As orações e testemunhos dele eram dignos de ser ouvidos. Bom, eu estava conversando com um homem que disse:

— Creio que alguém só será salvo depois de batizado por imersão.

Repliquei:

— Não vou discutir com você, mas lhe faço uma pergunta. E quanto ao irmão Breakiron? Ele é metodista e foi batizado por aspersão. Você acha que ele está salvo?

O sujeito coçou o queixo e respondeu:

— Não sei dizer. Não sei mesmo.

O irmão Breakiron era um querido senhor idoso, e só faltava alguém cortar os cadarços de seus sapatos e ele iria para o céu. Mas aquele homem o descartou por causa de uma formalidade doutrinária. Você não pode fazer isso, amigo; é melhor parar. Você não pode excluir qualquer um dos filhos de Deus por causa de uma formalidade doutrinária. Ame seus irmãos.

## Temer a Deus

O quarto princípio é *temer a Deus* — o Deus Pai todo-poderoso, criador do céu e da terra, e Jesus Cristo, seu Filho unigênito e o Espírito Santo, o consolador. A palavra "temer" não significa ter medo; significa "reverência com profundo respeito". Pode ser qualquer coisa, desde o pavor que a alma

[2] Quebra-ferro, em tradução livre. [N. do T.]

MATURIDADE ESPIRITUAL

culpada sente até a adoração comovente do homem santo que treme, atônito.

A explicação para o entendimento correto da existência é teológica. Estou dizendo que, antes de entendermos qualquer coisa corretamente, temos de começar com Deus. As coisas só podem ser vistas em foco quando olhamos para elas do santuário. Se você está fora do santuário, tentando encontrar uma explicação oculta, nunca vai encontrá-la porque foi Deus que fez o céu e a terra. A palavra "teológico" deriva da palavra grega para Deus — *Theos* —, e é Deus que dá significado a tudo. Portanto, é adequado e correto dizer que a explicação para o entendimento correto da existência é teológica.

Eu disse certa vez em um culto no qual estava pregando que, no fundo, todos os problemas eram teológicos e não podiam ser resolvidos sem um apelo à teologia. Logo após o culto, uma jovem foi à frente; presumo que estivesse cursando o ensino médio. O pai, que a acompanhava, era um químico brilhante, envolvido em uma pesquisa extremamente secreta para o governo. Ela me disse:

— Pastor, ouvi o senhor dizer que todos os problemas contêm teologia antes de serem resolvidos corretamente. Como o senhor resolve um problema de matemática apelando para a teologia?

O pai, ao lado dela, sorriu e disse em minha defesa:

— A matemática exige honestidade. Você tem de ser completamente honesto para se sair bem com seus problemas de matemática. O pastor está certo ao dizer que a doutrina da sinceridade e da honestidade completas deve aparecer até na matemática.

Bom, a matemática não é exatamente a minha área. O máximo que entendo de matemática é quando chego a US$ 3.98. Mas fiquei feliz com a explicação e com aquela defesa de que até um problema de matemática precisa ter um homem honesto trabalhando nele; do contrário, haverá um erro — e a honestidade faz parte da teologia.

A filosofia tenta descobrir a razão para as coisas e chegar ao enigma da existência. Eles tentam isso procurando — os filósofos tentam isso procurando na cabeça deles. Na verdade, não há muita coisa em nossa cabeça, e, uma vez que os filósofos são compelidos a permanecer dentro dos limites do próprio crânio, o resultado é, claro, decepcionante. Nunca chegam ao motivo verdadeiro da existência porque estão vasculhando seu crânio pequeno e escuro com uma lanterna e não encontram grande coisa. A filosofia nunca foi capaz de nos dar uma resposta verdadeira para as questões da vida.

A ciência, em nossos dias, assumiu o controle e ocupou o lugar da filosofia — e, por conseguinte, da teologia — e a ciência é a busca da razão para o conhecimento na natureza. A filosofia busca conhecimento na cabeça dos filósofos, e a ciência, na natureza. O conhecimento é obtido por observação e experiência. No entanto, nem o cientista é capaz de entender a vida. A explicação está em Deus. O homem piedoso é o verdadeiro sábio. O homem que conhece Deus conhece a fonte e a origem de tudo. Ele tem a chave que abre tudo.

Antigamente, eles usavam uma expressão que não usam mais: "Ele era um homem temente a Deus". Gosto disso. Mas não a usam hoje. Viver neste mundo — neste mundo carnal, secular e perverso no qual o Diabo abana a cauda constantemente e você pode sentir sua respiração quente no pescoço

## MATURIDADE ESPIRITUAL

— e, ainda assim, ser um homem temente a Deus, é uma façanha. Estou dizendo a você que somente Deus é capaz de fazer isso. Portanto, tema a Deus.

## Honrar o rei

O quinto princípio é *honrar o rei*. O que queremos dizer com isso? Refere-se ao nosso segundo princípio — tratar todos com respeito. Tratamos todos os homens com respeito porque são humanos, porque foram feitos à imagem de Deus. Honramos o rei como um rei porque a honra real do rei deriva da exaltação dos homens que ele governa.

Acredito no governo humano, seja ele democrático, seja monárquico ou outra coisa qualquer. Mas não me deixo enganar pelas pessoas. O rei ou a rainha conquista e ganha honra não de dentro, mas a honra do povo que ele ou ela governa. A filosofia do governante é a filosofia que diz que a pessoa, seja presidente, seja rei, seja rainha, essa pessoa que governa os homens, ocupa um lugar de alta honra porque os homens ocupam um lugar de alta honra.

John Fitzgerald Kennedy fez seu simples juramento para ocupar o cargo e agora se senta diante de uma grande mesa e olha por cima. Ele é o presidente de um grande país. Contudo, não passa de um irlandês, nada mais. Sua honra origina-se de 182 milhões de homens e mulheres criados à imagem de Deus. Aquela bela e graciosa senhora que se senta no trono da Inglaterra e reina como rainha, por mais bonita que seja, é apenas uma mulher, mas recebe honra e glória da Commonwealth [Comunidade das Nações], do povo sobre o qual ela reina. A glória do rei vem das pessoas, e a glória das pessoas vem de Deus, que as criou à sua imagem. Essa é a filosofia dos reis, das rainhas e dos presidentes, e acredito nisso. Acredito que valorizamos, até honramos, o governo humano porque ele foi estabelecido por Deus. Honramos reis, rainhas, presidentes e governadores porque Deus os colocou ali, acima de seu povo.

Resumindo o que estou tentando dizer hoje, devemos venerar todas as coisas porque Deus as fez, e sua criação é a vestimenta da Divindade. Devemos tratar todos com respeito porque são feitos à imagem de Deus. Devemos amar os irmãos redimidos porque Cristo os redimiu e eles são iguais a nós espiritualmente. Devemos temer a Deus por quem ele é e devemos honrar o rei porque Deus o colocou naquela posição para governar seu povo que foi feito à sua imagem.

Ouvi dois discursos na semana passada, um do presidente que está saindo e outro do presidente que está chegando. O presidente que está saindo orou em parte de seu discurso. Falou, mas grande parte do seu discurso foi uma oração. O outro mencionou Deus uma vez como se Deus fosse alguém que tinha, claro, de ser reconhecido, um Deus que, provavelmente, está em algum lugar, mas não sabemos onde.

Essa é a diferença, meus irmãos. Você não precisa ser tão brilhante se conhece Deus. Todo o brilho do mundo não vai resolver as coisas se você não conhece Deus. Portanto, vamos começar com Deus — vamos começar onde a Bíblia começa, onde a criação e o tempo começaram.

## CAPÍTULO 8

# Comunhão dos santos

*Pois quem come e bebe sem discernir o corpo do Senhor come e bebe para sua própria condenação.* (1Coríntios 11.29)

É bem conhecido o fato de que o homem é pego em um estranho dilema entre desejar a presença de Deus e o temor que sente dele. O anseio por Deus vem de séculos e séculos atrás. O apóstolo disse, ao pregar para os gregos, que talvez tateando pudessem achá-lo (v. Atos 17.27). A história do mundo desde que o homem passou a escrever e a transmitir seus pensamentos para que outros lessem indica que existe uma fome de Deus.

Os homens têm fome de Deus. Alguns dirigem-se a montanhas e cavernas na tentativa de encontrar informações e conhecer Deus dessa maneira. Outros, conforme nos contam na Índia, quando seguiam em direção ao rio Ganges para lavar-se, caíam de cara no chão, marcavam o local onde sua testa tocou o solo, andavam até aquele local e caíam de novo. Assim, por meio dessas quedas, eles seguiam em direção à Mãe Ganges para encontrar Deus.

No entanto, há um temor de Deus que acompanha nosso anseio por Deus. Em Gênesis, lemos que, quando Deus apareceu no jardim, Adão correu e escondeu-se entre as árvores do jardim, e Deus teve de dizer: "Onde está você?" (3.9b). Deus teve de tomar a iniciativa e procurar Adão.

MATURIDADE ESPIRITUAL

Quando nosso Senhor Jesus Cristo se aproximou, Pedro prostou-se aos seus pés e disse: "Sou um homem pecador!" (Lucas 5.8) e fugiu de sua presença. Portanto, o homem é pego no meio do caminho entre o medo e a fascinação. Há uma fascinação profunda dentro dele que o faz querer conhecer Deus, e há um medo profundo dentro dele que o faz temê-lo.

Há também no homem o amor ao pecado que bloqueia a face de Deus. Então, esse homem é pego nessa terrível situação. Os gregos pensavam que encontrariam Deus nas montanhas, nos bosques e nos picos rochosos e levavam para lá novilhas e guirlandas com flores. Se você possui uma peça de porcelana Wedgwood, sabe que ela contém imagens de pequenos camafeus. Em quase todas as peças, os camafeus originam-se da mitologia grega. Em algumas, você verá um homem conduzindo um animal até um altar para fazer um sacrifício aos seus deuses.

A ideia de que Deus está em algum lugar e que temos de sacrificar e levar animais a ele surgiu ao longo dos anos. Deus, então, trouxe a verdade à luz e eliminou os erros, as fantasias e as sombras e mostrou o que o Antigo Testamento havia sugerido e indicado e nos preparado para receber: Deus apareceria como homem. " 'A virgem ficará grávida e dará à luz um filho, e o chamarão Emanuel', que significa 'Deus conosco' " (Mateus 1.23). O Filho, quando chegou à idade adulta e estava ensinando, disse: "[...] Quem me vê, vê o Pai [....]" (João 14.9). Um homem — não *homens*, mas um *homem* — é o único ponto focal da manifestação, e esse homem era Cristo Jesus, o Senhor; de modo que "onde se reunirem dois ou três em meu nome, ali eu estou no meio deles" (Mateus 18.20).

124

## Venha em nome do Senhor

Quando nos reunimos para o culto, reunimo-nos em nome de nosso Senhor Jesus Cristo. Se você leva consigo uma psicologia de denominação, recomendo sinceramente que peça a Deus que o purifique, pois não devemos dividir os filhos de Deus em grupos imaginários. São imaginários do ponto de vista de Deus. Lembre-se de que somos uma família e reunimo-nos em nome de Deus em torno da pessoa de Cristo.

No capítulo 13 de Atos, lemos que o povo se reunia e celebrava o culto ao Senhor. Não era o pregador que celebrava o culto, mas as pessoas. Elas estavam adorando o Senhor "na beleza da [sua] santidade" (Salmos 29.2, ARA) e reuniam-se em torno da pessoa do Senhor. Foi naquela ocasião que o Espírito Santo lhes disse: "Separem-me Barnabé e Saulo" (Atos 13.2b). A igreja chamou missionários e os enviou porque eles estavam adorando o Senhor. O povo obedecia às condições de adoração do Novo Testamento, e Deus os abençoou, sorriu para eles e disse-lhes que eram dignos de ter alguns missionários para serem enviados. Então, o Espírito Santo os enviou.

Eles se reuniam para adorar o Senhor como eu acredito que nos reunimos hoje, sabendo que o Senhor está presente e que toda a Divindade está presente, oculta de nossa visão, claro, de nossa visão natural, mas presente. "[...] estavam todos reunidos num só lugar" (Atos 2.1), diz a Escritura, quando o Espírito Santo desceu sobre eles. Hoje oramos: "Ó Senhor, envia o Espírito Santo para que possamos estar unidos e concordes". Mas isso não é bíblico, porque o Espírito Santo não veio para torná-los concordes. Veio porque eles eram concordes. A música não surge para deixar o piano afinado; ela surge porque o piano está afinado. Não é a música que afina o piano; é o piano afinado que faz a música tocar.

A palavra "concorde" (ou "acorde") é um termo musical para harmonia — aqueles discípulos já estavam em sintonia uns com os outros. Em razão disso, o Espírito Santo pôde descer sobre eles e trazer a música da esfera celestial ao coração dos discípulos porque eles eram um. Mas tiveram de tornar-se um antes para que o Espírito descesse sobre eles e os batizasse no corpo de Cristo.

Não devemos orar: "Oh, envia o Espírito Santo para que sejamos um". O Espírito Santo não vem para unir dois diáconos que não gostam um do outro ou duas irmãs que sentem inveja da voz da outra. O Espírito Santo não vem para torná-los um. Mas, se os diáconos e as irmãs se acertarem, então o Espírito Santo poderá descer sobre eles. Precisamos nos acertar para que o Espírito Santo venha. Ele veio porque todos estavam concordes em um lugar.

Os cristãos de Corinto reuniam-se dessa maneira, mas cometiam um grave erro. Sou um crente que, embora a comunidade dos santos seja tão ampla quanto todos os cristãos nascidos de novo, crê também que devemos ser muito cuidadosos em nos manter fiéis à fé de nossos pais, a cada doutrina do credo cristão. Hoje há um movimento para receber nas comunidades cristãs pessoas que não mantêm a fé de seus pais.

Lembro-me do que Paulo disse a respeito de dois homens. Disse que os entregou a Satanás, "para que aprendam a não blasfemar" (1Timóteo 1.20). Você sabe em que consistia a blasfêmia? Consistia em ensinar que a ressurreição já estava superada. Eles tinham de descobrir de alguma forma, portanto recorreram ao original grego e provaram, fazendo um malabarismo entre um texto e outro, que a ressurreição já estava superada.

Hoje em dia algumas pessoas dizem: "É simplesmente um erro. Estão errados, mas vamos aceitá-los porque são bons cristãos". Paulo disse que eles tinham de aprender a não blasfemar. É blasfêmia ensinar o que contraria as Escrituras e acreditar nisso. Creio que nossa comunidade deve ter uma sólida teologia neotestamentária como fundamento.

Não posso e não ouso ensinar que Deus depositou os pecados do mundo sobre o Diabo, como dizem os adventistas. Devo ensinar que Deus depositou os pecados do mundo sobre Jesus, o Cordeiro de Deus sem mácula, e Jesus carregou todos eles e nos livrou da carga maldita. Se eu não ensinar isso, estou blasfemando por ensinar uma doutrina inverídica. Não ouso ensinar que sou salvo pela graça e por observar a Lei. Devo ensinar que sou salvo somente pela graça sem as obras da Lei, caso contrário será uma blasfêmia. Não ouso ensinar que a alma dos justos, quando eles morrem, dorme na terra até a ressurreição. Devo ensinar que a alma dos justos, quando eles morrem, vai para junto do Senhor, à direita de Deus com o Salvador, e voltará e se unirá novamente ao seu corpo na vinda de Cristo. Essa é a fé histórica tradicional de nossos pais e o que o Novo Testamento ensina.

## Seja corajoso e forte

Creio que devemos ser corajosos e fortes e, se necessário, lutar pela fé de nossos pais imediatamente após ingressarmos na comunhão dos santos. Se você conceder 1 centímetro ao Diabo, ele vai pegar 1 quilômetro. Se você deixar o camelo do Diabo enfiar o focinho sujo na tenda, a corcova inteira vai

## MATURIDADE ESPIRITUAL

entrar lá antes das 21 horas. Por isso, mantenha o Diabo fora. Mantenha-o fora de sua doutrina e de seu púlpito.

Foi por esse motivo que, durante os trinta e um anos em que fui pastor em Chicago, havia um porrete colocado diante do púlpito. Nenhum homem podia pregar naquele púlpito, a menos que eu soubesse que ele era digno de pregar, tanto em termos morais quanto doutrinários. As ovelhas não sabiam como eu as protegia.

Em Chicago, o grande centro da religião, todos queriam falar. Um homem veio falar comigo enquanto eu caminhava pela nave do templo. Queria debater comigo sobre o batismo. Eu disse:

— Não, obrigado.

Outro queria pregar sobre o que presenciara quando era capelão de uma penitenciária. Queria conversar sobre a cadeira elétrica e disse:

— Quero colocar uma cadeira elétrica na plataforma de sua igreja. Quero contar que vi uma mulher ser enforcada, e ela era tão pesada que sua cabeça se separou do corpo.

Escrevi uma carta para esse homem. Foi uma carta cristã, e não vou ter medo de falar dela no dia em que o Senhor julgar o segredo do coração dos homens. Mas o rosto do homem deve ter ficado vermelho como um tomate maduro quando leu a carta! "Meu amigo", eu disse, "se você tem feito coisas boas entre os prisioneiros, fico feliz. Se levou um pouco de alívio a um dos rapazes que, em razão de seus crimes contra a sociedade, tiveram de pagar o preço máximo, fico feliz. Mas a ideia de colocar uma cadeira elétrica na plataforma e deixar os congregados de olhos esbugalhados de susto por

Comunhão dos santos

ouvirem histórias terríveis de mulheres que tiveram a cabeça separada do corpo está além da dignidade da igreja de Cristo."

Então, acrescentei: "E o fato de você vir e aceitar uma oferta à porta e o pessoal assustado e de olhos esbugalhados colocar algumas notas de dólar em seu chapéu não é prova de que você está certo. É prova da trágica condição de apostasia da igreja". Nunca mais ouvi falar dele.

Outra pessoa apareceu com uma máquina que esmaga papel velho e o transforma em fardo e disse:

— Dê este aviso aos congregados: "Tragam papéis velhos à igreja". Vamos transformá-los em fardos. Vocês podem vendê-los e, com o dinheiro, pagar o pregador e manter a igreja e o programa missionário em andamento.

Eu disse:

— Senhor, a porta de saída é ali. Quero que você saia por ela o mais rápido que puder. Não quero que o conselho da igreja nem sequer saiba que falei com você. Se descobrirem que deixei você me fazer uma proposta como esta, vão me esfolar vivo. Nesta igreja, enfiamos a mão no bolso, pegamos o dinheiro e o depositamos silenciosamente na salva. É assim que ofertamos. Não fazemos fardos de papéis velhos.

Você pode imaginar uma coisa dessa? Deus enviou seu Filho unigênito, o melhor que ele possuía, e o Filho deu seu sangue, o melhor que ele possuía, e os apóstolos deram a vida deles, a melhor que possuíam, e nós entregamos a Deus nossos papéis velhos?

Construí um muro de fogo em torno daquele púlpito. Ninguém pode pregar ou falar a qualquer grupo, a não ser que esteja totalmente certo. Um dia, um sujeito extrapolou. Quando o conhecemos, ele era um cristão nascido de novo

129

MATURIDADE ESPIRITUAL

e evangélico. Depois foi estudar no seminário e perdeu a fé, mas desconhecíamos esse fato, portanto éramos inocentes. Permitimos que ele falasse aos jovens, e eu estava presente.

Ele se levantou e sorriu com condescendência para nós, seguidores antiquados da velha religião, e prosseguiu demolindo a fé que nossos pais professavam, uma doutrina por vez. Ao terminar, disse:

— Estou aberto a perguntas.

Ele se sentou, e houve um silêncio que dava para ouvir um pingo d'água; ninguém disse nada. Finalmente, o diretor do grupo de jovens levantou-se e disse:

—Todos em pé, por favor. Vamos encerrar com uma oração.

Todos se levantaram, e fomos despedidos com uma oração. O sujeito abaixou a cabeça e saiu furtivamente em silêncio. Achou que haveria uma discussão. Pensou que nós, cristãos, iríamos nos levantar e começar a debater com ele. Mas ninguém disse nada. Todos estavam muito bem treinados. Não discutiriam com um homem que perdera a fé. Não iniciariam um rebuliço para ferir os sentimentos de muitas pessoas. Deixaram-no ficar sem ação. Quando ele finalmente foi embora, o diretor disse: "Até logo, obrigado por terem vindo", e encerrou a reunião.

## Não assimile tudo

Acredito na comunhão dos cristãos, mas não acredito em exagerar e assimilar tudo. Chegará o dia em que as ovelhas serão separadas dos cabritos, e não vou dar um abraço amigo em qualquer cabrito, se souber que é um cabrito. Vamos deixar que o Senhor separe os cabritos e tome conta deles. Não estou condenando nem reprovando nenhum deles;

Comunhão dos santos

apenas não quero ser amigo deles. É por isso que deve ser difícil tornar-se membro de uma igreja — não queremos cabritos na comunidade. Quando começarmos a permitir a entrada de cabritos, logo teremos um abrigo de cabritos em vez de um aprisco em nossa igreja.

No entanto, ainda penso que não devemos atacar os cabritos. Alguns pregadores, que Deus os abençoe, são tão ansiosos para manter a fé professada por nossos pais que levam um porrete para o púlpito e, de lá, batem nos cabritos. Acho que não é uma boa ideia.

Um pregador do Sul contou-me que ficou sabendo que havia cabritos em sua congregação e decidiu confrontá-los. Preparou um sermão no qual ia pulverizar aqueles cabritos. "Não vai sobrar nenhum cabrito", ele disse. "Vou matá-los. Eles vão sair daqui." Ele passou três semanas elaborando o sermão. Era o seu sermão, e ele destacou o fato de que o Senhor não tinha nada que ver com o assunto.

"Subi ao púlpito", ele me contou depois, "e, por quase uma hora, despejei tudo. Quando terminei, havia lã de ovelha por toda parte do recinto. Mas os cabritos continuaram sentados, esfregando as mãos e dizendo: 'Amém, irmão! Continue a despejar'". Os cabritos não foram afetados. É por isso que não acredito em atacar cabritos do púlpito. Eles não acreditam na verdade e não vivem corretamente, mas os santos do Senhor devem viver corretamente e acreditar na verdade.

Os cristãos de Corinto acreditavam na verdade, mas haviam cometido um erro. Não sentiam a presença do Senhor na Comunhão. Comiam e bebiam "sem discernir o corpo do Senhor" (1Coríntios 11.29) ou, em outras palavras, não sabiam que o Senhor estava presente. Comiam e bebiam,

## MATURIDADE ESPIRITUAL

mas faziam isso de modo indigno, trazendo julgamento para eles porque não percebiam que o Senhor estava ali.

Eles não observavam a Comunhão do modo correto. Quando essa percepção da presença do Senhor na Comunhão foi perdida na igreja, a igreja começou a apostatar. Você vai encontrar em Apocalipse 2 e 3 que o amor dos fiéis esfriou, a vida moral deles degenerou, sua doutrina foi distorcida e eles eram considerados vivos, mas estavam mortos. Com o passar dos anos e dos séculos, não havia mais aquele tipo certo de companheirismo entre eles, porque não observavam nem discerniam a presença do Senhor na Comunhão.

Pode haver companheirismo em torno de uma variedade de coisas. Um de nossos seis filhos jogava beisebol pela Marinha e foi convidado a jogar pelo Boston Red Sox, mas recusou. "Quando jogava beisebol", ele me contou certa vez, "eu jogava porque gostava de jogar. Jogava e ia para casa. Mas alguns jogadores eram fanáticos. Reuniam-se e falavam de 'esfregar o bastão até deixá-lo bem fino' — não sei bem o que isso significa —, das médias de rebatidas, das bolas curvas e de todo o resto. Era cansativo. Eu queria estar longe dali. Gosto de beisebol, mas nem tanto assim".

Para ser um bom jogador de beisebol, você precisa viver para ele, tê-lo no sangue. Havia um companheirismo entre aqueles jogadores, mas era um companheirismo que não valia a pena, eu diria. É o companheirismo que existe nos esportes, no beisebol, e eles conhecem todos os jogadores, desde Honus Wagner.[1] Tenho visto alguns jogos; mas não me interesso muito por eles.

---

[1] Johannes Peter "Honus" Wagner [1874-1955], jogador profissional de beisebol. [N. do T.]

## Cristo é o centro

Verdadeiramente, "nossa comunhão é com o Pai e com seu Filho Jesus Cristo" (1João 1.3). Verdadeiramente, nossa comunhão é com os santos e com os filhos de Deus. Quando temos comunhão uns com os outros, em vez de falar sem parar sobre um assunto local, política, literatura, música ou esportes, falamos pouco porque estamos naturalmente interessados no que se passa ao redor de nós; mas nosso grande interesse está em Jesus Cristo, o Senhor — é nele que nossa comunhão se encontra. Cristo é o centro da comunhão. A igreja tem Cristo como seu centro de comunhão — não o pastor ou o conselho, não o diretor do coral ou os diáconos. Somos todos um em Cristo Jesus, e ninguém, a não ser Jesus Cristo, é o centro de atração.

As pessoas reclamam do cristianismo institucionalizado, mas digo que a igreja não é uma instituição. É mais que uma organização; é um organismo. É um grupo de pessoas nascidas de novo que conhecem Jesus Cristo como seu Senhor. Se a igreja é apenas uma instituição organizada, dirigida por uma constituição com cargos de autoridade concedidos a determinados homens, talvez ela não seja uma igreja de forma alguma. Mas, se for uma comunhão dos santos, uma reunião de crentes ao redor da pessoa magnética do Filho de Deus, então ela é uma igreja.

Os coríntios se esqueceram de que Cristo era o centro de atração, e Paulo teve de escrever para repreendê-los. Se estivéssemos aqui por qualquer outro motivo, seria melhor aceitar a admoestação de Paulo: "Por isso há entre vocês muitos fracos e doentes, e vários já dormiram. Mas, se nós tivéssemos o cuidado de examinar a nós mesmos,

## MATURIDADE ESPIRITUAL

não receberíamos juízo. Quando, porém, somos julgados pelo Senhor, estamos sendo disciplinados para que não sejamos condenados com o mundo" (1Coríntios 11.30-32). O Deus bondoso, paciente, benevolente, mesmo quando tomamos a Comunhão de modo indigno, está pronto para nos perdoar para que não necessite nos julgar e nos condenar. Ele nos julga, mas de uma forma disciplinadora, e leva-nos ao arrependimento a fim de que não nos possa condenar. Aí está a diferença.

Digamos que dois garotos estão jogando no quintal. Um deles é seu filho; o outro não. Eles passam a fazer uma verdadeira traquinagem: decidem quebrar todos os vidros diante deles. Começam a atirar pedras e quebram todas as janelas da garagem e da cozinha e depois as janelas do vizinho, e você os pega fazendo travessuras. Bom, uma vez que um dos garotos é seu filho e o outro pertence a uma casa a dois quarteirões de distância, você vai tratá-los de modo diferente. Vai dizer a um dos garotos: "Vá para casa. Vou ligar para o seu pai", mas para o outro: "Entre. Vamos ter uma conversa".

Eu sei; já fiz isso. Tínhamos um garoto, que Deus o abençoe, que foi ficando cada vez mais detestável durante três meses; no final desses três meses, eu o levei até o porão. Ele ficou doce como uma laranja e continuou assim por mais ou menos um mês e meio. Depois de um mês e meio, voltou a ser cada vez mais impossível. Quando era impossível tolerar seu comportamento, descíamos ao porão (havia um ar fresco lá, que parecia fazer bem ao garoto!). Mas há uma diferença — se ele é seu filho, você o ama e sorri por dentro, de verdade, mas não vai permitir que ele saia impune. Pensa no futuro dele, por isso o disciplina e o castiga. Mas, se não é seu filho, você o manda ir para casa,

Da mesma maneira, Deus diz: "Vou discipliná-lo porque você me pertence. Lamento muito por você estar vivendo dessa maneira. Mas não vou condená-lo; você é meu. Vou julgá-lo e discipliná-lo". Isso é outra coisa muito diferente. Davi disse que preferia cair nas mãos de Deus a cair nas mãos dos homens (v. 1Crônicas 21.13). Ele sabia que Deus era melhor que o homem.

No entanto, conheço os caminhos do Senhor o suficiente e não quero cair nas mãos dele se puder evitar. Não quero ser disciplinado pelo Senhor, porque ele usa o chicote para não ter de nos condenar. Ele age assim para que possamos ser participantes de sua santidade. É só a mula obstinada que temos de chicotear. É só no cavalo selvagem que temos de puxar o freio e o bridão. O animal bem treinado não precisa ser empurrado, chutado ou chicoteado. Os filhos de Deus devem ser tão domesticados e dóceis que o Senhor precise tão somente sussurrar no ouvido deles, e eles entendem. Conservam a consciência pura e a vida pura; continuam no caminho certo. Se lhes ocorrer um pensamento que não seja correto, eles se angustiam diante de Deus, se arrependem e recebem perdão por meio do sangue do Cordeiro. Deus não precisa usar o chicote neles e não vai usar.

## CAPÍTULO 9

# O segredo da vitória

*Misericórdia, ó Deus; misericórdia, pois em ti a minha alma se refugia. Eu me refugiarei à sombra das tuas asas, até que passe o perigo. Clamo ao Deus Altíssimo, a Deus, que para comigo cumpre o seu propósito. Dos céus ele me envia a salvação, põe em fuga os que me perseguem de perto; Deus envia o seu amor e a sua fidelidade. Estou em meio a leões, ávidos para devorar; seus dentes são lanças e flechas, sua língua é espada afiada. Sê exaltado, ó Deus, acima dos céus! Sobre toda a terra esteja a tua glória!* (Salmos 57.1-5)

Esse salmo foi escrito por Davi quando fugia de Saul e estava cercado de inimigos. Em seu modo brilhante de descrever as coisas, Davi disse que se encontrava em meio a leões, em meio a homens cujos dentes eram lanças e flechas e cuja língua era como espada afiada. Os inimigos o cercaram, respaldados pela autoridade que o rei Saul lhes concedeu, e Davi não tinha ninguém, a não ser Deus. Davi, então, por ter sido ensinado nos caminhos do Espírito, fez algo que nós provavelmente não teríamos pensado em fazer. Colocou imediatamente Deus entre ele e seus inimigos.

Davi sabia que seria vitorioso, mas sabia que, se conseguisse algo parecido como uma vitória permanente, não poderia pedir a Deus que o exaltasse. Ele não disse: "Ó Deus, sou o teu rei que vai ser o sucessor de Saul, o rei pecador. Quero, então, que venhas em meu socorro e esmagues esses inimigos sob meus pés". Davi sabia mais que isso,

MATURIDADE ESPIRITUAL

portanto orou. Não sei se você chamaria isso de oração; é mais uma explanação arrebatadora que uma oração: "Sê exaltado, ó Deus, acima dos céus! Sobre toda a terra esteja a tua glória!" (v. 5). Ele estava dizendo: "Seja o que for que aconteça comigo, Deus, sê exaltado. Seja o que for que esses homens com dentes afiados, garras, lanças e flechas façam comigo, Deus, que a tua glória esteja sobre toda a terra. Meu coração está firmado nisso, ó Deus, e cantarei louvores, pois desejo que sejas exaltado acima dos céus e que a tua glória esteja sobre toda a terra".

Essa é a maneira como Deus pensa, que é inversa à nossa. Merece nossa atenção. Temos de cantar a respeito dela, orar a respeito dela e pregar a respeito dela até nos apoderarmos dela, porque somos muito lentos para aprender. Deus, somente ele, deve ser exaltado acima de tudo, caso contrário a vitória de Davi teria sido desleal. Ele teria sido derrotado, apesar de ter vencido seus inimigos; seria uma vitória de Pirro[1] que lhe teria custado muito caro. Assim, Davi colocou Deus no lugar ao qual ele pertencia, elevado acima de tudo, exaltado acima de tudo, e saiu vitorioso por ter colocado Deus no lugar certo.

Este é o pequeno segredo; eu poderia parar aqui e teríamos aprendido uma das lições mais importantes que é possível aprender: o lugar ao qual Deus pertence está acima de tudo. Quando dizemos que magnificamos Deus, não queremos dizer que tornamos Deus maior — não poderíamos fazer isso. Deus já é imensamente perfeito, mas queremos

---

[1] Confronto no qual o vencedor sofre tantas perdas que quase lhe seria preferível uma derrota. [N. do T.]

dizer que o vemos grande. Quando dizemos que o exaltamos, não queremos dizer que o elevamos; queremos dizer que reconhecemos que ele deve ser tão exaltado quanto o é.

## Um relacionamento invertido

O problema do mundo é que há um relacionamento invertido entre Deus e a humanidade — uma desordem moral. O problema do mundo e da raça humana é que não colocamos Deus no lugar ao qual ele pertence em nosso pensamento, em nossa conduta, em todas as nossas filosofias e em todas as nossas atitudes em relação à vida. Há milhões de pessoas que oram a Deus, sem dúvida. Mas o lugar verdadeiro de Deus no coração é conhecido quando sabemos onde colocamos Deus quando estamos em apuros, onde colocamos Deus quando as dificuldades chegam e onde colocamos Deus em outras ocasiões de nossa vida.

Quero fazer-lhe algumas perguntas:

Quem vence quando a escolha é entre Deus e o dinheiro, entre Deus e a ambição? Muitos jovens aceitam o Senhor na adolescência quando estão indo bem — e depois tornam-se ambiciosos. Possuem algum talento e o desenvolvem, e o mundo descobre esse talento e manda buscá-los. Então, eles têm de fazer uma escolha entre seguir sua ambição, que os levará para o mundo e para longe da igreja, ou seguir o Senhor. Acho que 97% deles seguem a ambição.

Quem vence quando se trata de satisfazer os desejos da carne ou fazer a vontade de Deus? No mundo, Deus não teria nenhum voto, mas na igreja me parece que Deus deveria receber todos os votos que há. No entanto, quando se trata de escolher entre satisfazer os desejos da carne e Deus, a igreja

## MATURIDADE ESPIRITUAL

costuma votar em satisfazer os desejos da carne — desde que possamos chegar ao meio-termo e ter Deus também.

Quem vence quando se trata de uma escolha entre o casamento e a vontade de Deus? Conheço alguns casos, ou li sobre eles, em que o homem e a mulher se separam porque um deles não é cristão. Uma jovem contou-me ontem à noite que estava saindo com um jovem e surgiu entre eles a ideia de viverem juntos pelo resto da vida. Mas, como ele não era o tipo de homem que deveria ser, ela rompeu o relacionamento. Ora, isso é raríssimo acontecer. Não é comum. Em geral, o rapaz ou a moça segue o Senhor alegre e feliz. É o primeiro a chegar ao culto e o último a sair. São os primeiros a participar, testemunhar e testificar — até conhecerem alguém. Então, Deus é posto de lado enquanto eles decidem se vão casar e com quem vão casar. Se houver uma escolha entre Deus e o casamento, eles se casam.

E a escolha entre Deus e os amigos? Não há muitas pessoas que abrem mão dos amigos por amor a Cristo. Não há muitas pessoas que abrem mão do *eu* por amor a Cristo. Então, quem vence quando o voto é entre Deus e essas coisas? Em geral, as outras coisas vencem, e Deus perde. É por isso que estamos na situação em que vivemos, entende? A maldição não vem sem uma causa, nem a bênção. Vivemos nesta miserável taxa de mortalidade porque estamos violando as leis do Reino.

Um jovem só descobriria o segredo da vitória se, quando chegasse o momento de escolher entre uma bela jovem e Deus, ele dissesse: "Sê exaltado, ó Deus, acima dos céus! Sobre toda a terra esteja a tua glória!". Então, a vitória chegaria em sua vida. Você encontraria muitas pessoas andando em vitória se, quando

140

pensassem em suas ambições, elas aprendessem a dizer: "Deus, quero que estejas acima de minha ambição. Que o teu nome esteja acima de todas as minhas ambições". Deus daria a vitória. Mas Deus não a dará a você diretamente. Ele lhe dará a vitória por meio do trono. Primeiro temos de colocar Deus no lugar ao qual ele pertence, e depois Deus nos abençoará e nos dará a vitória. Contudo, se tentarmos receber a vitória unilateralmente, se tentarmos seguir em uma direção específica para receber a vitória, não vamos conseguir.

## Rebaixando Deus

O mundo está caminhando com passos trôpegos rumo a um futuro totalmente imprevisível. Estamos atravessando tempos confusos porque rebaixamos Deus e exaltamos os homens. Quando o humanismo chegou cerca de uma geração atrás e fez que a mente humana fosse o padrão de julgamento de todos os pensamentos e rebaixou Deus, a teologia deixou de ser a rainha das ciências. A rainha das ciências passou a ser apenas ciência, humanismo ou sociologia. Fomos, então, rebaixados porque não exaltamos Deus. Se você exaltar Deus, ele o exaltará. Mas, se o rebaixar, você será rebaixado. O mundo está neste caos porque Deus não ocupa o seu lugar na mente e no coração das pessoas.

A obra de Deus na redenção é restaurar esta ordem invertida: exaltar Deus e rebaixar o homem, para que Deus exalte o homem. Ora, para que pudesse fazer isso, Deus desceu — ao lugar mais baixo que poderia descer. Era impossível descer mais do que desceu. Lembre-se do que está dito em Filipenses:

## MATURIDADE ESPIRITUAL

que, embora sendo Deus,
   não considerou
que o ser igual a Deus
   era algo a que devia apegar-se;
mas esvaziou-se a si mesmo,
   vindo a ser servo,
tornando-se semelhante
   aos homens (2.6,7).

Ele anulou sua reputação, e essa é a última coisa que alguém deseja fazer. Mas Deus podia permitir-se fazer isso. Assumiu a forma de servo, o que era muito humilhante. Tornou-se semelhante aos homens, o que significava ir mais fundo ainda.

E, sendo encontrado
   em forma humana,
humilhou-se a si mesmo
   e foi obediente até a morte,
   e morte de cruz! (v. 8).

Qual foi o resultado?

Por isso Deus o exaltou
   à mais alta posição
e lhe deu o nome que está
   acima de todo nome,
para que ao nome de Jesus
   se dobre todo joelho,
nos céus, na terra
   e debaixo da terra (v. 9,10).

Veja bem, somos exaltados quando exaltamos Deus e nos rebaixamos. Então, Deus nos pega e nos levanta.

Quando, porém, tentamos subir, é tarefa de Deus manter-nos no chão. "[...] humilhem-se debaixo da poderosa mão de Deus, para que ele os exalte no tempo devido" (1Pedro 5.6).

No entanto, nosso coração carnal deseja ser exaltado imediatamente. Queremos nos levantar agora, mas Deus diz: "Vocês podem esperar. Meu Filho desceu e permaneceu embaixo trinta e três anos. Depois desceu mais, muito mais, até chegar ao fundo de toda a humilhação possível. E, por ele ter feito isso, eu o ressuscitei e dei-lhe um lugar à minha direita, para cumprir a palavra que diz: '[...] Honrarei aqueles que me honram [...]'" (1Samuel 2.30).

Jesus Cristo honrou Deus mesmo na morte sangrenta e na degradação. Porque ele fez isso, Deus o colocou à sua direita e deu-lhe um nome que está acima dos anjos.

> Pois a qual dos anjos Deus alguma vez disse:
> "Tu és meu Filho;
> eu hoje te gerei"? (Hebreus 1.5a).

Lembre-se: a redenção faz muitas coisas por nós. Temos a tendência de assumir a atitude de crianças de jardim de infância a respeito da salvação — achamos que seu propósito é nos tornar felizes. Essa atitude está por toda parte. As pessoas estão escrevendo livros sobre como ser feliz — basta aceitar Jesus, e você se sentirá bem interiormente. Mas o propósito total de redenção não é fazer um afago em seu coração, mas reverter a ordem inversa das coisas. A redenção coloca Deus no lugar ao qual ele pertence — exaltado no trono; e coloca o homem no lugar ao qual ele pertence — embaixo no pó —, a fim de que, do pó, Deus possa elevar o homem ao trono. Mas Deus nunca, jamais, eleva um homem ao trono, a não ser que ele esteja no pó.

## MATURIDADE ESPIRITUAL

Nunca Deus levanta o homem à sua direita, exceto quando ele está lá embaixo, no lugar da humilhação.

Esta é uma parte integral da mensagem do cristianismo: "Jesus dizia a todos: 'Se alguém quiser acompanhar-me, negue-se a si mesmo, tome diariamente a sua cruz e siga-me'" (Lucas 9.23). O homem deve deixar seu lar, casa, cônjuge, pais e a própria vida (v. Mateus 19.29; Lucas 14.26). Devemos estar dispostos a dizer: "Ó Deus, se eu tiver de escolher entre ti e minha casa, meu cônjuge e meus pais, escolherei a ti, Deus".

Não estou falando de coisas que ouvi dizer. Sei o que estou falando. Passei por essa experiência. Converti-me quando tinha 17 anos de idade. Minha mãe não era convertida, nem meu pai, nem meus parentes. Minha mãe era uma presbiteriana conservadora e formal e desprezava os fanáticos. Quando eu pregava na rua, ela dizia, horrorizada: "Você é capaz de imaginar meu filho pregando? E mais: pregando numa esquina?". Essa era uma ideia terrível para ela. Mais tarde, quando se converteu e viu o que o Senhor estava fazendo, admitiu humildemente que o Senhor estava certo o tempo todo.

No entanto, precisamos enfrentar essas coisas sozinhos. Tive de abandonar meus pais — não no sentido de sair de casa, mas tive de viver de um modo que eles não aprovavam. Mas o Senhor os salvou, e é maravilhoso lembrar-me disso. O Senhor salvou meu pai, minha mãe, meu cunhado e duas irmãs minhas — tudo porque exaltei Deus. Quando tive de escolher entre meus pais e Deus, escolhi Deus. Quando tive de escolher entre meus amigos e Deus, escolhi Deus. Devemos exaltar Deus acima de todas as coisas e viver de tal maneira que sua glória seja exaltada acima dos céus. Essa é a

144

escada pela qual você sobe para chegar ao reino do poder, e a alavanca com a qual você pode mover montanhas.

Há uma experiência interior muito valiosa que os santos possuíram ao longo dos anos e que Deus promete a seus filhos. Esse é o segredo. Há uma satisfação imensa na natureza total e uma praticidade no Reino de Deus, há frutificação e crescimento, há um conhecimento arrebatador do Deus santíssimo — e, repito, isso está disponível somente quando Deus é exaltado e nós somos rebaixados. Você poderia dizer com sinceridade: "Sê exaltado acima de mim, meu Deus. Sê exaltado por meu intermédio. Sê exaltado, Deus, custe o que custar para mim"?

## Muitos negociadores

Deus possui muitos negociadores, muitos homens iguais a Jacó que sentam-se com lápis na mão e calculam: "Se me abençoares, Deus, eu te darei a décima parte". Jacó viveu assim — por muito tempo, a qualquer preço. Passou a ser um homem melhor mais tarde, depois que Deus tomou tudo para si. Deus não tomou apenas a décima parte; Deus tomou a esposa, os filhos e as propriedades de Jacó; tomou tudo.

Quando tudo acabou, Esaú estava a caminho para matá-lo. Lá estava Jacó, sem sua décima parte e sem nada, exceto ele próprio. Levava apenas o que conseguiu empacotar, só isso. Lá estava ele na beira do rio, orando a Deus. Então, Deus lutou com ele à noite e mudou seu nome.

Temos a tendência de pechinchar com Deus para tentar conseguir um caminho fácil. "Senhor, quero ser abençoado, mas não quero que o preço seja muito alto. Podemos conversar sobre o assunto?"

MATURIDADE ESPIRITUAL

"Não", Deus diz, "não podemos conversar sobre o assunto. Minhas regras são minhas regras, minha palavra é minha palavra, minha vontade é conhecida na Palavra, e não há nada para conversar. Se você seguir o meu caminho, será abençoado. Se seguir o seu caminho, perderá tudo".

## Exaltado acima dos bens materiais e dos amigos

Isso é tão simples que não entendo por que a igreja não entende. "Que toda a tua glória esteja sobre meus bens materiais, ó Deus." Algumas pessoas têm uma poupança de 25 mil dólares no banco que lhe rende juros. Tudo bem, você pode ter uma poupança. Mas esse não é o xis da questão. O xis da questão é que, se houvesse uma escolha entre abrir mão de todo esse dinheiro e cumprir a vontade do Deus altíssimo, o que você faria? A maioria das pessoas tentaria chegar ao meio-termo. Elas ficariam com um pouco de Deus e um pouco do que possuíam.

Há os amigos. Fénelon disse que temos dificuldade de abrir mão de nossos amigos a fim de encontrar um Amigo. "[...] existe amigo mais apegado que um irmão" (Provérbios 18.24). Você pode capitalizar isso. Temos amigos de todos os tipos e de todas as classes; alguns fariam qualquer coisa por nós, e outros resmungariam se tivessem de fazer qualquer coisa por nós, mas temos amigos. Contudo, temos de abrir mão de todos eles para que possamos ter *o* Amigo.

Quando temos *o* Amigo, temos todos os amigos. O Senhor não tira nada de nós sem nos dar algo de volta. É sempre assim. Abri mão da aprovação de meus pais e do respeito de meus amigos por uns tempos. Eles achavam que eu tinha ideias muito estranhas porque estava seguindo o

Senhor e vivia entre o pessoal da Aliança. Meu pai dizia que minha cabeça estava cheia dessas coisas.

Perdi alguns amigos, mas ganhei *o* Amigo e agora tenho amigos no mundo inteiro. Penso que não existe nenhuma ilha ou nenhum continente onde eu não tenha amigos — e estou falando de amigos que conheço, pessoas com quem converso, com quem oro, a quem preguei e que pregaram para mim.

Acabei de saber que um livro que escrevi foi publicado na Alemanha. Agora tenho amigos que moram lá. Desisti de um punhado de amigos por amor a Deus e agora tenho amigos na Alemanha inteira. Dizem que o Senhor está permitindo que meus livros sejam distribuídos na Índia, no Japão, na Armênia e em vários países de língua espanhola. Nesses lugares, tenho amigos que nunca vi. Estou mencionando isso somente porque quero que você saiba que, quando Deus nos tira alguns amigos para termos *o* Amigo, ele nos dá outros amigos — amigos melhores do que tínhamos antes. Deus tira pessoas que não fariam nada de bom por nós e nos dá as melhores pessoas do mundo para serem nossos amigos.

## Exaltado acima das comodidades e das ambições

Deus deve ser exaltado acima de nossas comodidades. Se algumas pessoas aparecessem na reunião de oração, o pastor desmaiaria, e o pianista cairia morto no chão, porque elas não se sentem confortáveis em reuniões de oração. Não sei que programas a televisão transmite nas noites de quarta-feira, mas sem dúvida esse é um dos motivos. Mas precisamos abrir mão de nossas comodidades. Enrolar-se em um cobertor diante da lareira em uma noite fria é bom demais. Mas Jesus Cristo, nosso Senhor, levantava-se e saía de casa para enfrentar o mundo frio e descampado para dar tudo de si; e os apóstolos e as pessoas consagradas fizeram o mesmo ao longo dos anos. Portanto, vamos abrir mão de nossas comodidades. "Sê exaltado, ó Deus, acima de minhas comodidades e de meus prazeres."

Deus deve ser exaltado acima de nossas ambições — de todos os projetos particulares que as pessoas têm. Ele deve ser exaltado acima de nossa reputação. É sempre difícil abrir mão da reputação; desejamos ter uma reputação. Quando descobrimos que não podemos ter nenhuma reputação, queremos ter a reputação de ser felizes por não termos reputação. É assim que funciona: descobrimos que não somos valorizados, sorrimos como São Francisco e dizemos: "Não sou valorizado, louvado seja o Senhor". As pessoas dizem: "Ele não é santo? É feliz por não ser valorizado". Mas há outra maneira de ser valorizado. É apenas mais uma maneira de realizar nossas ambições.

Então, Deus deve ser exaltado acima de tudo o que gosto, de tudo o que não gosto, de minha saúde e até de minha vida. Durante toda a minha vida, tive de afugentar amigos que receavam que eu morresse. Diziam: "Tenho medo que você morra; você vai morrer de tanto trabalhar". Não se preocupe com isso, meu irmão. Morrer de trabalhar no Reino de Deus é uma forma maravilhosa de morrer. Mas Deus não permite que grande parte de seu povo morra dessa maneira.

Finney ensinava que, se você descansasse no Senhor e esperasse paciente por ele, só morreria depois dos 70 anos de idade. Mas dizia também que muitos pregadores se matam por trabalhar em uma igreja preguiçosa que não os ajuda. Ele dizia que o Senhor vai julgar aquela igreja. Era nisso que Finney acreditava.

Não se preocupe com minha saúde. Coloquei minha saúde em risco muito tempo atrás. Minha saúde pertence ao Senhor. Por que haveria eu de querer permanecer em um mundo irritante como este depois de completar meu trabalho? Por que vegetar e andar por aí como se fosse a última folha da árvore no outono, a última rosa do verão, murcha e seca, pendurada pateticamente na extremidade do caule, aguardando o primeiro vento?

Entregue sua saúde ao Senhor e sua vida também. As pessoas têm medo de entregar a vida inteiramente ao Senhor. Conheço um pregador que ficou sabendo que sofria de angina e, se não se cuidasse, morreria. Ele choramingou como um cachorrinho que havia sido espancado, foi para a Califórnia e aposentou-se. Mas outro amigo meu ficou sabendo da mesma coisa e disse: "Tudo bem. Quero morrer no Reino de Deus realizando a obra de Deus". Então, continuou a trabalhar.

Certa manhã, a esposa levantou-se para preparar o café da manhã e foi acordar o marido. Lá estava o meu bom amigo, um homem alto e elegante, caído morto no chão. Tinha dado o último suspiro ao seu Deus. Não foi para a Califórnia, não deixou de fazer o que queria nem disse: "Estou com medo de morrer". Morra, irmão, por amor a Deus, morra! Está tudo bem. Você consegue fazer isso. É a última coisa que a maioria das pessoas faz e não é nem um pouco ruim. Entregue-se a Deus. "Ó Deus, sê exaltado acima de minha saúde. Sê exaltado acima de minha vida."

Não se preocupe com a duração de seus dias. Muito tempo atrás, recebi dois versículos do Senhor: "Farei completar-se o tempo de duração da vida de vocês" (Êxodo 23.26b)

MATURIDADE ESPIRITUAL

e "[...] dure a sua força como os seus dias" (Deuteronômio 33.25b), e tenho vivido de acordo com eles.

Preocupamo-nos demais com nossa saúde. As pessoas do mundo não se preocupam. O presidente ou vice-presidente de uma empresa de grande porte chega atordoado em casa às 23 horas, carregando uma maleta, e diz à esposa: "Tive um dia terrível no escritório". O médico dele diz: "Se você não se cuidar, vai morrer. Está em péssima forma". Mas ele continua a viver da mesma maneira. Por quê? Para aumentar suas vendas e comprar um iate maior no ano seguinte e um carro maior no outro ano. Então, continua trabalhando para ganhar dinheiro.

Quando o médico lhe disser: "Tome cuidado com sua saúde", não o leve muito a sério. Quando outro médico lhe disser: "Você precisa trabalhar com menos intensidade para o Senhor", responda: "Adeus, doutor. Conheci o Senhor antes de conhecer você". Vá em frente e viva como puder. Descobri que as pessoas que param de trabalhar e tentam proteger a saúde caem e desaparecem em pouco tempo. Abra mão de suas amizades, de seus bens materiais, de suas comodidades, de suas ambições, de sua reputação, de sua saúde e até de sua vida, e verá que Deus lhe devolverá tudo, "uma boa medida, calcada, sacudida e transbordante" (Lucas 6.38).

É muito difícil entender esse tipo de ensinamento, porque não é o que ouvimos hoje. Ouvimos coisas completamente diferentes. Os cristãos alegres e confiantes nos dizem como é maravilhoso aceitar Cristo e ter uma vida boa pelo resto de seus dias; o Senhor não vai exigir nada de você. Ele vai, sim, meu amigo! O Senhor vai exigir tudo de você. Quando você entregar tudo a ele, ele poderá abençoar o que você entregou e devolvê-lo, mas pode ser que ele não faça isso.

150

O segredo da vitória

Você se lembra de Betty e John Stam [missionários na China na época da revolução comunista]? Os comunistas conduziram o casal para fora e disseram:

— Ou vocês desistem desse tal de Cristo ou morrem.

Eles disseram:

— Não vamos desistir de Cristo.

—Tudo bem — os comunistas disseram. — Ajoelhem-se.

Eles se ajoelharam.

— Levantem a cabeça.

Eles levantaram a cabeça. Então, John e Betty Stam foram degolados.

Há cristãos que foram chamados a entregar tudo. Mas eles eram mais ricos que Midas, mais ricos que todos os reis da terra, mais ricos que todos os avarentos do mundo porque se permitiram entregar-se a Deus.

Um dos grandes santos de Deus, nos tempos romanos em que eles matavam cristãos, tinha o desejo de morrer como mártir. Ele escreveu aos seus amigos cristãos de Roma, dizendo: "Quero lhes pedir um favor. Sinto no coração o desejo de morrer por meu Senhor. Tenho vivido para ele e entreguei-lhe tudo o que possuo, mas não basta. Quero uma coroa para ser colocada sobre todas as outras coroas. Quero morrer por amor ao meu Senhor".

Ele prosseguiu: "Do jeito que as coisas caminham, vou morrer. Já recebi a sentença. Se vocês intercederem, poderão livrar-me da sentença. Por favor, por amor a Cristo, não façam isso. Não recorram às autoridades para me libertar. Vocês me decepcionarão e me farão um desserviço. Sou velho e já entreguei tudo. Agora quero essa coroa. Atendam ao meu desejo. Deixem-me em paz".

MATURIDADE ESPIRITUAL

Eles não intercederam, e os romanos cumpriram a sentença. Aquele homem recebeu sua coroa, graças a Deus. Essa é a lista dos homens espiritualmente grandes. O que os levou a ser assim? Todos descobriram o segredo. "Ó Deus, sê exaltado acima de tudo. Que teu Reino venha e o meu reino vá." E tenha certeza de uma coisa: antes que o Reino venha, o seu tem de ir. Não sei se é uma boa escatologia ou não. Mas sei que é uma boa experiência cristã: antes que o Reino de Cristo possa entrar em mim, meu reino tem de sair de mim. Tenho de descer deste trono e entregá-lo de volta àquele a quem ele pertenceu em todos estes séculos — Jesus Cristo, nosso Senhor.

Esta obra foi composta em *Adobe Caslon Pro*
e impressa por Promove Artes Gráficas sobre papel
*Pólen Natural* 70 g/m$^2$ para Editora Vida.